Prometheus

普罗米修斯

Carol Dougherty

[美]卡罗尔·多蒂 著 张宏 译

西北大学出版社
·西安·

项目支持

重庆市研究生教改重大项目
"双一流"背景下"古典语文学"课程体系建设与实践：
以重庆大学为例（yjg181001）

重庆大学"双一流"学科重点建设项目
"外国语言文学一级学科水平提升计划"

丛书中文版序

"去梦想不可能的梦想……"

什么是神？传说，出生于古希腊凯奥斯岛（Ceos）的诗人西摩尼德斯（Simonides），曾在公元前6世纪受命回答过这个问题。据说，一开始，他认为这个问题很好回答，可思考越久，他越觉得难以回答。若当初果真有人问过他这个问题，我也不相信他曾经得出了令人满意的答案。当然这个传说，很可能是后人杜撰的。但是，关于西摩尼德斯及其探求规定神性构成要素的传说，可追溯至古代，表明关于定义"神–性"有多难甚或不可能，古人早就心知肚明。

本丛书试图处理的正是西摩尼德斯面对的问题，丛书采取的视角不是作为宽泛概念的"神"或"神性"，而是专注于作为个体的神圣形象：对于这些神祇和其他存在者，丛书将其置于"诸神"和"英雄"的总体名目之下。

丛书始于一个梦——这个梦符合一位对难以捉摸的超自然

存在者感兴趣的人。做这个梦的人，就是劳特里奇出版社前编辑凯瑟琳（Catherine Bousfield），她在 2000 年前后的一个夜里做了这个梦。凯瑟琳梦见她正在看一套丛书，每本书的研究主题是一位"奥林波斯"神，作者是研究这位神祇的专家。醒来后她确信，世上一定已经有了这样一套丛书——她肯定在哪里见过这些书，或许在某家书店橱窗里，或在某家出版社的书单上。但在查询书单和询问同事后，她才逐渐意识到，这套丛书并不存在，而只存在于她的梦中。

当凯瑟琳与其他人，包括主编理查德（Richard Stoneman）分享她的梦时，得到的回应都一样：这套书应该已经有了。理查德和凯瑟琳朝着实现这个梦前进了一步，他们问我是否有兴趣主编这样一套丛书。我"毫不迟疑"地接受了邀请，因为，当时我正在研究一位特殊的古代神祇雅典娜，以其作为探索古代文化、社会、宗教和历史的工具。我欣然承担了此项任务，并开始为拟定的书目联络资深作者。我的邀请得到的回复都是满满的热情和"我愿意（yesses）"，他们都表示有兴趣撰写某一本书，然而——尽管所有人都确信这套丛书是"好事"，可将诸神和英雄作为独特对象来研究的做法，在学术界到底已经过时了。

当时学者的兴趣，大多在于古人在宗教事务上的作为——譬如，他们举行仪式时，以及在献祭活动中的做法——对这种崇拜的接受者，他们都没有多大兴趣。在为更"普通的"读者撰写的文学作品中，情况则全然不同，有些极好的"畅销书"和"咖啡桌边书"，展现了个别神祇与众不同的特点。我主编这套书的目的，就是要将处在学术边缘的诸神引入中心。

诸神在学者中失宠有一个原因，就是认为独特实体不是学术研究的可行主题，因为——尽管"畅销的"文学作品可以传达此主题——毕竟世上没有一样事物就是某一位神或英雄的某种"曾经之所是"。无本质要素，无连贯文献，无一致性格。相反，在艺术家和著作家笔下，任何一位神都呈现出千姿百态。每个群体都以截然不同的方式构想诸神；连每个家庭也是如此。的确，每个人都能与一位特殊的神建立属己的联系，并按照其特殊生活经验来塑造他。

在更早期阶段，学术界以一个假设作为出发点：每个神都具有其自己的本质和历史——对他们的宗教崇拜，的确千变万化、捉摸不定，尽管古代的多神教并不就是真正的多神教，在任何意义上也不存在多不胜数的神祇。古代宗教好像是由一组一神教构成的——这些一神教平行而不以任何有意义的方式相互重叠，就像对于古希腊人而言，有一个"宙斯宗教"，有一个"雅典娜宗教"，有一个"阿芙洛狄忒宗教"，如此等等；地中海和古代近东的其他文明中的宗教也是如此。譬如，对于罗马人而言，可以有一个"朱诺宗教"，也有一个"马尔斯宗教"，如此等等；

在苏美尔人（Sumerians）当中，有一个"伊南娜宗教（Inanna religion）"，有一个"恩基宗教（Enki religion）"，有一个"马耳杜克宗教（Marduk religion）"，如此等等。

这套丛书并不试图回到这种过于单一地理解古代诸神的方式。这种观点出自一种一神教，这是犹太-基督教看待古代宗教的方式。相反，这套丛书试图迎接挑战，探究一种宗教观念模式，其中的诸神内在于世界，诸神可以无处不在处处在，而且往往不可见，有时候也会现出真容。

丛书传达了如何描述诸神才对人类有益的方式，他们描述诸神的典型方式就是将其描述得像人类一样——拟人化，具有人类的形象和行为方式。或者，如丛书所记录的那样，人们也会以非人类的动物形象或自然现象来设想诸神。譬如，阿芙洛狄忒，她常被描绘为伪装成一个女人，有理想的体形，带有一种特别令人渴望的女性美，但也以石头的形象受到崇拜；或如雅典娜，她能够显现为一个披甲的女人，或显现为一只猫头鹰，或显现在橄榄树闪烁的微光中，或显现出一道犀利的凝视，作为 glaukopis［格劳考皮斯］：意为"眼神犀利的"，或眼神闪耀的，或灰眼的，或蓝绿眼的，或猫头鹰眼的，或就是橄榄色眼的。可能的译法之广泛本身就表明，有不同方式来传达古代表现任何神圣事物的某种特点。

总之，诸神能够无处不在，也被认为变化多端，但也仍然能够清晰地描述他们。丛书的另一个目标，就是要把他们当成截然不同的实体来把握，而且任何对显而易见的连贯性的观察，都需要以违背分类一致原则的宗教实体为背景。这也正是他们何以是诸神的原因：这些存在者能够具有表象，也能够活动在人类的世界中，但他们却是具有力量和魔力的实体，他们能显现，也能消失不见。

尽管现代西方人将诸神——或上帝——理解为超验全知和道德正直，他们也常常为诸神故事中所记述的行为震惊：他们会背叛其他神，会虐待其他神，也会表现出妒忌，甚或有杀婴和弑亲这样的恐怖行为。

古代诸神只是看似为现代西方人所熟悉。由于基督教扎根之后所发生的事情，古代诸神不再受到崇拜。在全然不同的宗教观念模式下，那些形象能够安插进基督教化了的德性观念之中，继续发挥重要作用。

与此同时，他们不再被视为真实的存在者，这些形象中很多变成了文化作品的主流——譬如，在艺术中，在"高级"和"低级"文学作品中，还有在音乐中，从古典音乐伟大时代的歌剧，到摇滚歌队"安提戈涅放飞（Antigone Rising）"，再到流行艺术家嘎嘎小姐（Lady Gaga）以维纳斯的形象出场，几年前，还有一位流行歌星米诺（Kylie Minogue），扮作维纳斯的希腊对应者阿芙洛狄忒。或者，从美国（嘎嘎）或澳大利亚（米诺）的西方流行音乐，到韩国流行音乐（K-pop），也都是如此：2019年，韩国"防弹少年团（Korean boy band BTS）"成员，各自戴着某个古代神祇的面具（金硕珍扮成了雅典娜，闵玧其扮成了赫菲斯托斯，郑号锡扮成了宙斯。接下来，金南俊是狄奥尼索斯，金泰亨是阿波罗，朴智旻是阿耳忒弥斯——最后——田柾国扮成了波塞冬）。

与此同时，对于一代年轻人来说，赖尔登（Rick Riordan）的佩西·杰克逊小说系列（Percy Jackson novels），创造了一个希腊诸神曾经存在过的世界，他们以伪装和被遗忘的方式活过了数世纪。

诸神和英雄仍然是现代的组成部分，西方文化受益于数世纪的古典传统，现代人能够感觉到与他们熟稔。丛书的另一目标是记录这些世纪的复制和挪用——正是这个过程，使古代的阿芙洛狄忒们、维纳斯们，等等，被误认为堪比曾生活在凡人中间的存在者——甚至连佩西·杰克逊小说系列，也依赖于一种理解：每个神都是一个连贯的实体。

丛书中文版的新读者，也许恰恰能以从前的读者所不具备的方式来理解丛书中的诸神和英雄。新读者也许更能理解一个诸神内在于其中的世界——在这个世界中，对于古希腊哲人泰勒斯（Thales）而言，诸神"内在于万物"。古代诸神——尽管对于现代西方人如此不寻常——能够进入每个人的梦。可以认为他们寓居于自然之境，或寓居于他们自己的雕像中，或居住在他们自己的神殿中。可以视其为人类的祖先，甚或视其为获得了神性的人类。

古代地中海和近东的诸神与中国诸神的亲缘关系，更甚于其与当代西方人的关系，当代西方人虽然继续在刻画他们，却不认为他们是这个世界所固有的诸神。

中国诸神，与希腊、罗马、巴比伦等文明中的诸神一样，数量众多；他们的确可谓不计其数。中国诸神与古典古代的众神相像，却与后来犹太-基督教西方的一神教体系不同，中国诸神可以是男神或女神。每个神，都像古代西方人的诸神那样，活动在很多领域之中。譬如，丛书中文版的读者所理解的赫耳墨斯，可能就像中国的牛头（Ox-head）和马面（Horse-Face），他是护送刚死的人到哈得斯神领地的神；作为下界的统治者，哈得斯——丛书未来规划中一本书的主题——堪比中国神话中的阎王（Yanwang）；赫拉作为天界至高无上的女性统治者，其地位可以联系天后斗姆（Doumu）来理解。万神殿中的诸神，也是人类的祖宗。希腊神宙斯，尤其可以当"诸神和人类的父亲"来设想。其他诸神——如赫拉克勒斯（Herakles / Ἡρακλῆς），这位声名卓著的神——也可能从前就是人类。

我很荣幸能介绍给大家一系列古代形象——女性的、男性的、跨性别的、善良的、恐怖的——这些形象无一例外耐人寻味，扎根于崇拜他们、讲述他们故事的人民的文化中。

丛书中的每一本书，开篇都首先提出值得以一本书篇幅来研究这个对象的原因。这个"为什么"章节之后的部分是全书的核心，探究古代刻画和崇拜这个对象的"关键主题"。丛书最后一章总结每个研究对象在后古典时代的"效应（afterlife）"，有时候篇幅相对较短，如在《伊诗塔》（*Ishtar*）中；有时候则篇幅较长，尤其在《赫拉克勒斯》中，这是因为古代以降对研究对象的描述十分宽广。每本书带有注解的"参考文献"，为读者指引深入研究的学术领域。

一言以蔽之，欢迎中国读者阅读"古代世界的诸神与英雄"丛书——欢迎你们来到一个由著作构成的万神殿，这些著作的主题是非凡而又多面的存在者，每位作者所要表现的就是他们的独特之处。此外，每位作者又都是其主题研究领域的专家，正如凯瑟琳所梦想的那样。

苏珊·迪西（Susan Deacy）
于伦敦
2023 年 1 月
（黄瑞成 译）

献给我的家人，乔尔（Joel）、
内森（Nathan）和梅根（Megan）

目　录

丛书前言：为何要研究古代世界的诸神与英雄？   *005*
致谢   *012*
插图目录   *015*
谱系表   *017*

为什么是普罗米修斯？   *001*

  介绍普罗米修斯   *003*
    普罗米修斯是谁？   *004*
    古典文本：神话的源泉   *015*
    什么是神话？   *017*
    神话为什么如此重要？   *020*
    普罗米修斯神话   *023*
    普罗米修斯神话的主题：火、反抗、创造力，以及劳作   *027*
    普罗米修斯和人类境况   *030*
    研究综述和本书概览   *032*

关键主题 037

一、诡计大师：赫西俄德的普罗米修斯 039
赫西俄德和他的时代 040
赫西俄德的普罗米修斯 043
普罗米修斯与宙斯：一场智力的对决 046
诡计多端的普罗米修斯 048
普罗米修斯与人类境况 052
小结 065

二、雅典的普罗米修斯崇拜 067
希腊文化中的火 069
雅典神话中的普罗米修斯 072
普罗米修斯崇拜 074
火炬接力赛 078
普罗米修斯、萨提尔，以及火 084
普罗米修斯、火，以及公元前 5 世纪的雅典 091
小结 094

三、政治反叛者和文化英雄：雅典文献中的普罗米修斯 096
埃斯库罗斯的《被缚的普罗米修斯》 098
从诡计师到反叛者 105
从希望到预言 108
普罗米修斯和进步 111

柏拉图的《普罗泰戈拉》　　117
　　喜剧中的普罗米修斯　　126
　　小结　　130

普罗米修斯效应　　133

四、浪漫主义时期的普罗米修斯　　135
　　歌德的普罗米修斯与艺术创造力　　136
　　政治意义上的普罗米修斯　　142
　　雪莱的《解放了的普罗米修斯》和爱的力量　　149
　　普罗米修斯和拿破仑　　157
　　《弗兰肯斯坦——现代普罗米修斯的故事》　　161
　　小结　　172

五、现代社会中的普罗米修斯　　173
　　艺术中的普罗米修斯　　174
　　普罗米修斯中的普罗米修斯：科学技术的惊人发展　　178
　　模棱两可的普罗米修斯遗产　　182
　　托尼·哈里森的《普罗米修斯》　　184
　　技术意义上的普罗米修斯　　189
　　普罗米修斯和劳动者：homo faber［工匠人］　　196
　　火与诗　　203
　　词源辨析：普罗米修斯有什么"用"？　　208
　　小结　　210

拓展阅读	*213*
参考文献	*223*
索引	*236*

附录：古代世界的诸神与英雄译名表	*245*
跋"古代世界的诸神与英雄"	*260*

丛书前言：为何要研究古代世界的诸神与英雄？*

正当的做法，

对于开启任何严肃谈话和任务的人而言，

就是以诸神为起点。

——德摩斯泰尼《书简》（Demosthenes, *Epistula*, 1.1）

古代世界的诸神和英雄是很多现代文化形态的构成部分，例如，成为诗人、小说家、艺术家、作曲家和设计师创作的灵感源泉。与此同时，古希腊悲剧的持久感染力保证了人们对其主人公的熟稔。甚至连管理"界"也用古代诸神作为不同管理风格的代表：譬如，宙斯（Zeus）与"俱乐部（club）"文化，阿波罗（Apollo）与"角色（role）"文化：参见汉迪（C.

---

* 2005年6月，英文版主编苏珊（Susan Deacy）教授撰写了《丛书前言：为何要研究诸神与英雄？》，2017年1月，她修订了"丛书前言"，并保留原题名，2021年11月，她再次修订"丛书前言"，并删去题名。中文版采用最新修订的"丛书前言"并保留题名，酌加定语"古代世界的"，以示醒目。——中文版编者按

Handy)《管理之神：他们是谁，他们如何发挥作用，他们为什么失败》(*The Gods of Management: Who they are, how they work and why they fail*, London, 1978)。

这套丛书的关注点在于：这些古代世界的诸神和英雄如何又为何能够具有持久感染力。但还有另一个目的，那就是探究他们的奇特之处：相对于今人的奇特之处，以及古人感知和经验神圣事物的奇特之处。对主题的熟稔也有风险，会模糊其现代与古代意义和目的之重大区分。除某些例外，今人不再崇拜他们，但对于古人而言，他们是作为一个万神殿的构成部分而受到崇拜的，这简直是一个由成百上千种神力构成的万神殿：从主神到英雄，再到尽管具有重叠形象的（总是希望重叠！）精灵和仙女——每位主神都按照其专有装束受到崇拜，英雄有时会被当成与本地社群有关的已故个体。景观中布满了圣所，山川树木也被认为有神明居于其间。研究这些事物、力量、实体或角色——为其找到正确术语本身就是学术挑战的一部分——这涉及找到策略来理解一个世界，其中的任何事物都有可能是神，用古希腊哲人泰勒斯（Thales）的话说，亦如亚里士多德所引述的那样，这个世界"充满了诸神"（《论灵魂》[*On the Soul*, 411 a8]）。

为了把握这个世界，有帮助的做法可能就是试着抛开关于神圣之物的现代偏见，后者主要是由基督教关于一位超验、全能、道德正直的上帝的观念所塑造的。古人的崇拜对象数不胜数，他们的外貌、行为和遭遇与人类无异，只是不会受人类处境束缚，也不局限于人类的形象。他们远非全能，各自能力有限：连宙斯，这位古希腊众神中的至高无上的主权者，也可能要与他的两兄弟波塞冬（Poseidon）和哈得斯（Hades）分治世界。此外，古代多神教向不断重新解释保持开放，所以，要寻求具有统一本质的形象，很可能会徒劳无功，尽管这也是人们惯常的做法。通常着手解说众神的做法是列举主神及其突出职能：赫淮斯托斯/福尔肯［Hephaistos/Vulcan］：手工艺，阿芙洛狄忒/维纳斯［Aphrodite/Venus］：爱，阿耳忒弥斯/狄安娜［Artemis/Diana］：狩猎，如此等等。但很少有神的职能如此单一。譬如，阿芙洛狄忒，她远不止是爱神，尽管此项功能至为关键。譬如，这位神也是hetaira（"交际花"）和porne（"娼妓"），但还有其他绰号和别名表明，她还伪装成共同体的保护神（pandemos："保护全体公民"），也是航海业的保护神（euploia［欧普劳娅］，pontia［庞提娅］，limenia［丽美尼娅］①）。

正是有见于这种多样性，本丛书各卷书不包括每位神或英

---

① 在希腊语中，euploia意为"安全航海女神"，pontia意为"海中女神"，limenia意为"海港女神"。——译注

雄的生平传记——虽然曾有此打算,而是探究其在古代多神教复杂综合体中的多重面相。如此规划进路,部分是为了回应下述关于古代神圣实体的学术研究的种种进展。

在韦尔南(Jean-Pierre Vernant)和其他学者建立的"巴黎学派(Paris School)"影响下,20世纪下半期,出现了由专门研究诸神和英雄,向探究其作为部分的神圣体制的转变。这种转变受一种信念推动:若单独研究诸神,就不可能公正对待古代宗教的机制,与此相反,众神开始被设想为一个合乎逻辑的关联网络,各种神力在其中以系统方式彼此对立。譬如,在韦尔南(J.-P. Vernant)的一项经典研究中,希腊的空间概念通过赫斯提亚(Hestia,灶神——固定空间)与赫耳墨斯(Hermes,信使和旅者之神——移动空间)的对立而神圣化:韦尔南《希腊人的神话与思想》(*Myth and Thought Among the Greeks*, London, 1983, 127—175)。但诸神作为分离的实体也并未遭忽视,韦尔南的研究堪为典范,还有他经常合作的伙伴德蒂安(Marcel Detienne),后者专研阿耳忒弥斯、狄奥尼索斯和阿波罗:譬如,德蒂安的《阿波罗,手中的刀:研究希腊多神教的实验进路》(*Apollon, le couteau en main: une approche expérimentale du polythéisme grec*, Paris, 1998)。"古代世界的诸神与英雄"丛书首批书目于2005年出版以来,在上文概括的研究立场之间开辟出了一个中间地带。虽然研究进路是以唯一又有所变化的个体为主题,作者们对诸神和英雄的关注,却是将其作为内在于一个宗教网络中的力量来看待的。

本丛书起初各卷中的"世界",主要倾向于"古典"世界,尤其是古希腊的"古典"世界。然而,"古代世界",更确切地说"古代诸世界",已然扩展了,这是随着以伊诗塔(Ishtar)和吉尔伽美什(Gilgamesh)为主题的各卷出版,还有期待中以摩西(Moses)和耶稣(Jesus)为主题——以及古希腊的安提戈涅(Antigone)和赫斯提亚(Hestia)主题、古罗马狄安娜(Diana)主题的书目。

丛书每卷书都有三大部分,对其研究的主题对象作出了具权威性、易于理解和令人耳目一新的解说。"导言"部分提出关于这个神或英雄要研究什么,值得特别关注。接着是本卷书的核心部分,介绍"关键主题"和观念,在不同程度上包括神话、崇拜、可能起源和在文学与艺术中的表现。本丛书启动以来,后古典时代的接受日益进入古典研究和教育的主流。这一接受上的"革命"让我确信,每卷书包括一个放在最后的第三部分,用来探究每个主题的"效应(afterlives)",极为重要。这样的"效应"部分有可能相对较短——譬如,《伊诗塔》一卷中的"后续效应(Afterwards)"一节——或较长,譬如,在《赫拉克勒斯》

（Herakles）中。各卷书都包括关于某个神或英雄的插图，并在合适的位置插入时序图、家谱和地图。还有一个带有注释的"参考文献"，指引读者作更进一步的学术研究。

关于术语需要进一步作出说明。"诸神与英雄（gods and heroes）"：丛书题名采用了这些阳性术语——尽管如希腊词theos（"god"）也能用于女神，如此选择一定程度上也反映了古代的用法。至于"英雄（hero）"，随着 MeToo 运动兴起，如今已成为一个性别中立的术语。关于纪元：我总是建议作者最好选择 BC/AD 而非 BCE/CE，但并不强求如此。关于拼写：本丛书古希腊专名采用古希腊语拼写法，广为接受的拉丁语拼写法除外。

如我在 2017 年第二次修订这个"前言"时说过的那样，我要再次感谢凯瑟琳（Catherine Bousfield），她担任编辑助理直到 2004 年，正是她梦（取其字面意思……）到了一套关于主要的古代诸神和英雄的丛书，时间 21 世纪初期的一个夜晚。她的积极主动和远见卓识，助力丛书直至接近发行。劳特里奇出版社的前古典学出版人斯通曼（Richard Stoneman），在丛书委托和与作者合作的早期阶段，自始至终提供支持和专家意见。我很荣幸能与继任编辑吉朋斯（Matthew Gibbons）在丛书早期阶段共事。艾米（Amy Davis-Poynter）和利奇（Lizzi Risch）是我近年极好的同事。当我为2022年以后的丛书修订"前言"时，我要感谢利奇的继任者玛西亚（Marcia Adams）。我也要感谢丛书诸位作者，正是他们每个人帮助建构了如何能够理解每个神或英雄的方式，同时为促进关于古代宗教、文化和世界的学术研究作出了贡献。

苏珊·迪西（Susan Deacy）

伦敦罗汉普顿大学（Roehampton University, London）

2021年11月

（黄瑞成 译）

致 谢

首先,我要对理查德·P. 马丁(Richard P. Martin)表示真挚的感谢,我的希腊神话知识,大部分来自于他的精心传授。马丁教授在神话研究中展现了深厚的学术素养和敏锐的直觉意识,我的这本书正是得益于恩师的谆谆教诲。

和往常一样,我要感谢我的好友兼合作伙伴蕾斯理·刻尔克(Leslie Kurke),感谢她的鼓励和编辑方面的帮助,特别是希腊章节部分的文本处理。国内方面,我要感谢韦尔斯利学院(Wellesley colleague)的同事布兰登·雷伊(Brendon Reay),感谢他试读了本书的几章内容,更感谢他在过去一年里多次倾听我的研究想法。感谢韦尔斯利学院古典研究系的其他多位同事,玛丽·莱夫科维茨(Mary Lefkowitz)、雷·斯塔尔(Ray Starr)、米兰达·马文(Miranda Marvin)和伊丽莎白·格林(Elizabeth Greene),他们多次耐心听我讲述关于普罗米修斯的思考,并提供了宝贵的相关文献指导。感谢德语系的延斯·克鲁泽(Jens Kruse),他在我研究歌德的早期阶段给予了不少帮助。我非常感谢该系的两名学生,科里·根蒂莱斯科(Cori

Gentilesco），特别是乔安娜·泰斯（Joanna Theiss），他们在寻找、征求和记录本书选取的插图方面，作出了不懈的努力，展现了超强的主动性。我要对玛丽·莱夫科维茨再次致谢，衷心感谢她花费了 11 个小时来协助查询相关词源和图像扫描。感谢韦尔斯利学院教师研究基金，它为我的这项研究提供了部分资助。

我还要感谢大西洋彼岸的同事保罗·卡特里奇（Paul Cartledge）和劳娜·哈德威克（Lorna Hardwick），他们向我提供了托尼·哈里森的《普罗米修斯》的文本资料、相关评论甚至这部电影的视频资源，正是因为他们的帮助，我才得以把哈里森的作品收录为本书的重要章节。

这个研究项目，让我有机会将自己对希腊神话的个人思考，汇集于令人兴奋的新语境，我要感谢丛书编辑苏珊·迪西（Susan Deacy），是她的邀请使我有机会参与这套新系列丛书的出版。我还要感谢劳特里奇出版社（Routledge）的编辑凯瑟琳·布斯菲尔德（Catherine Bousfield）和马修·吉本斯（Matthew Gibbons）——他们的耐心帮助和运作主持，令我心怀感激。

最后，我要感谢我的丈夫乔尔·克里格（Joel Krieger），他对普罗米修斯和煤矿工业的热衷，促使我着手开展这项研究，他还以专业的编辑能力帮助我完成了本书的写作。若离开他的支持、幽默和才智，本书将会是另一番模样。

免责声明

我们已尽一切努力联系本书涉及的版权人,征得了重印本书选用材料的相关许可。若有未被确认的版权持有人,请来信联络,出版方将不胜感激,并承诺在本书再版时纠正相关错误或疏漏。

文中摘录

《悬崖上的普罗米修斯》("Prometheus on his Crag")的选文,摘自特德·休斯的《诗选》(*Collected Poems* by Ted Hughes),2003年,版权归特德·休斯遗产管理公司(The Estate of Ted Hughes)所有,经 Farrar, Straus and Giroux, LLC 和 Faber and Faber Ltd. 许可转载。

托尼·哈里森《普罗米修斯》(*Prometheus*)的选文,1998年,版权归 Faber and Faber Ltd. 所有,经出版方许可转载。

插图目录

（页码指原书页码）

图1：亨德里克·戈尔齐乌斯的《普罗米修斯创造人类》　xvii（页7）

图2：阿特拉斯和普罗米修斯，inv.16592，拉科尼亚杯，约公元前550年（页16）

图3：雅典学园，出自巴比耶·杜·博卡奇先生绘制的《古希腊地图集》，1790年（页52）

图4：普罗米修斯和萨提尔（下半部分），1937.983，迪诺斯画家的阿提卡尊形双耳喷口陶瓶，约公元前425—前420年（页58）

图5：普罗米修斯和萨提尔，1913.129，红绘贝耳陶壶，约公元前430—前400年（页59）

图6：《被缚的普罗米修斯》，彼得·保罗·鲁本斯和弗兰斯·斯奈德斯，1618年（页69）

图7：《普罗米修斯》，马索·菲尼格拉，约1470—1475年。钢笔素描，棕色墨水，黑色粉笔加棕色渲染（页95）

图8:《现代普罗米修斯,或暴政的垮台》,乔治·克鲁克尚克,伦敦,1814年(页105)

图9:《普罗米修斯》,湿壁画,何塞·克莱门特·奥罗斯科,1930年。波莫纳学院,克莱蒙特,加利福尼亚州(页117)

图10:《普罗米修斯》,保罗·曼希姆,1933年,纽约洛克菲勒中心(页119)

图11:《扼杀秃鹰的普罗米修斯》,雅克·利普希茨,1949年(页120)

图12:《盗火的普罗米修斯》,彼得·德·弗朗西亚(页121)

图13:"成为普罗米修斯的卡尔·马克思",一则关于反《莱茵报》发行禁令的寓言故事(页133)

谱系表

THE GENERATION OF TITANS ［泰坦家族］

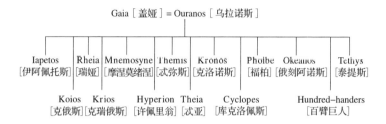

THE FAMILY OF PROMETHEUS ［普罗米修斯家族］

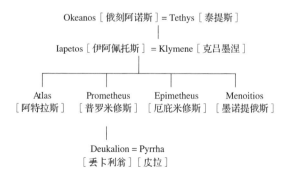

为什么是普罗米修斯?

Why Prometheus?

介绍普罗米修斯

普罗米修斯（Prometheus）公然反抗宙斯（Zeus）而为人类盗取火种，关于这位希腊神的神话和传说，在文学及艺术领域蓬勃发展，常盛不衰，从古希腊一直延续到现代社会。作为反抗者、背叛者、文化英雄以及人类的保护神，普罗米修斯是人类境况的具象体现，既拥有出色的创新潜力，又具备经受残酷折磨的忍耐力。自普罗米修斯神话首次引发人们想象的几个世纪以来，他为人类盗取的火种已经成为技术精神、禁忌知识、理性自觉、政治权力以及艺术灵感的象征。作为其名字含有"先见之明（forethought）"之意的一位神明，普罗米修斯显示出人类为克服自身对未来的有限认知而作出的不懈努力——希望、技术以及预言，这些都是普罗米修斯送给人类的复杂难解的礼物中的一部分。

换言之，尽管某些传统的确将普罗米修斯描述为人类的真正创造者，但普罗米修斯神话的精髓却更加广泛且更具有启发性——从赫西俄德（Hesiod）的时代至今，他一直在帮助人类去探求、质疑和挑战人类境况的限度。虽然希腊神话通常以其可塑性而知名，即它可以被轻而易举地移植到各种不同的新文本和语境之中，但普罗米修斯神话的灵活多样性非同凡响。不论是在极度压抑还是无限乐观的时刻，人们总会一次又一次地召唤出普罗米修斯，让他来帮助我们思考：身为人类到底意味着什么。在本书中，我们将仔细研究古代以及现代的多位诗人和作家，他们将普罗米修斯置于其作品的中心位置。什么是普罗米修斯神话不可或缺的基本要素？在不同的历史及文化时期，它发生了怎样的相应演变？最重要的是，这位人类的盗火之神，何以在他横空出世于古希腊舞台的 2500 多年后，依然让我们深深着迷？

普罗米修斯是谁

首先，我们来了解一下相关背景——普罗米修斯是谁？他做了些什么？有关普罗米修斯的一个信息来源是他的特殊名字，因为从古希腊诗人赫西俄德到现今的创作者们，都对这个名字作出了丰富的词源释义，像解读他的神话那般。普罗米修斯的名字是一个复合专有名词，它的前半部分显然衍生自 *pro*

[前]——意为"之前"。而它的后半部分,则如同这位神一样,有些微妙难解。一种可能是它由 metis [智巧]派生而来,和动词 medomai [思考、谋划]同源,意为"智虑通达(clever intelligence)",以此将普罗米修斯的名字解读为"先思而后行者(the one who thinks in advance)"。这无疑是赫西俄德心中的词源释义,他在自己的宇宙之诗《神谱》(Theogony)中为普罗米修斯那位头脑愚笨的兄弟起名为厄庇米修斯(Epimetheus),其含义是"后知后觉者(later-thinker)"。公元前5世纪的雅典(Athens)剧作家埃斯库罗斯(Aeschylus)在他的剧作《被缚的普罗米修斯》(Prometheus Bound)中,引入了类似的与普罗米修斯名字相关的词源游戏。虽然希腊人明确将普罗米修斯的名字理解为"先知先觉者(forethinker)",但最近的语言学研究,却将其名字中的 meth 部分与梵文词根 math [盗窃]联系起来——意思是去偷取(to steal)——这一解读意味着,普罗米修斯名字的实际词源指向着盗窃(theft),毫无疑问是指盗窃火种,并以此将希腊人的普罗米修斯神话和高加索(Caucasus)的类似神话关联起来。

当然,文学(以及其他)典籍为我们更为全面地记述了普罗米修斯的故事。在《神谱》中,赫西俄德告诉我们,普罗米修斯是泰坦神(Titan)伊阿佩托斯(Iapetos)与大洋神俄刻阿诺斯（Ocean）的女儿克吕墨涅（Klymene）的三子之一：

> 于是伊阿佩托斯娶大洋神的女儿，
> 美踝的克吕墨涅，双双同床共寝。
> 克吕墨涅为他诞下一子，勇敢无畏的阿特拉斯（Atlas），
> 还有无上荣耀的墨诺提俄斯（Menoitios），狡黠的
> 普罗米修斯，以及心不在焉的厄庇米修斯，
> 厄庇米修斯一开始便为以五谷为食的人类带来了不幸，
> 自从他当初接受了宙斯送来的那个神造女人，
> 那位少女（The Maiden）。
>
> （《神谱》，507—514，隆巴多［Lombarod］译，1993）

这位少女自然是潘多拉（Pandora），她那只装满邪恶的瓶子为人类带来了灾难和疾病。有些神话传统认为，普罗米修斯的母亲不是克吕墨涅而是亚细亚（Asia），而其他神话传统宣称亚细亚是普罗米修斯之妻。赫西俄德的诗歌残篇提到，普罗米修斯有一个儿子，名为丢卡利翁（Deukalion），古罗马诗人奥维德（Ovid）又告诉我们，当愤怒的宙斯以洪水淹没大地，丢卡利翁和他的妻子皮拉（Pyrrha）追随着父亲的脚步，（重新）创造了人类，他们将石头丢向自己的肩后，而这些石头一落地

便变成了人。奥维德在故事的结尾说,"正因如此,我们是能够吃苦耐劳的族类,为人类的诞生来历提供了明证"(《变形记》[*Metamorphoses*],1.414—415)。

至于普罗米修斯本人的故事,我们在神话收集者阿波罗多洛斯(Apollodorus,约公元前186—前120年)的希腊神话传统文库中,找到了以下这段简明概要:

> 普罗米修斯用水和土捏成了人类,并为他们盗来火种,他将其藏在一棵茴香秆内避开了宙斯。但宙斯知道这件事之后,便命令赫菲斯托斯(Hephaestus)将普罗米修斯的四肢钉到高加索山,那是一段斯基泰(Scythian)山脉。普罗米修斯被捆绑着并牢牢钉在那里,过了很多年。每天会有一只鹰扑到他的身上,啄食他的肝脏,而到了夜间,肝脏又长回原状。普罗米修斯为盗火之事受到了这样的惩罚,直到后来海格力斯(Hercules)将他释放,我们会在大力神的章节中详谈此事。
>
> (阿波罗多洛斯,《希腊神话文库》[*Library*,I.vii.1]①)

---

① 阿波罗多洛斯这本典籍直译为《书库》《书臧》或《文库》,周作人先生曾翻译过此书,译名为《希腊神话》,而此处我译作《希腊神话文库》,以求更明确原书的主旨。——译注

阿波罗多洛斯的记述，内容全面，令人安心——它为我们带来了一个连贯的故事，这个故事集合并且阐述了普罗米修斯神话的所有不同要素。不过，这种完整感可能会引起误导，因为古代或古典时期的希腊人从未读到过将普罗米修斯神话生涯描述得如此理性全面的这般记载。相反，关于宙斯严惩普罗米修斯的故事，古希腊读者所能找到的是赫西俄德《神谱》中的这段描述：

> 话说当初，神明与凡人在墨科涅（Mekone）发生分歧，
> 普罗米修斯出来殷勤地宰杀了一头大牛，
> 分成几份摆在他们面前，想蒙骗宙斯的心智。
> 他用牛皮包裹了牛肉和肥硕的内脏，
> 再罩上牛的瘤胃，然后在宙斯面前摆放。
> 而在其他人面前，他摆了一堆白骨，
> 巧妙堆放之后，蒙上一层发亮的脂肪。
>
> （《神谱》，535—541，隆巴多［Lombarod］译，1993）

我们将在第一章中看到，赫西俄德在此处强调了普罗米修斯作为献祭（sacrifice）发明者的角色——献祭是古希腊宗教和公共生活的重要习俗——他将其视为普罗米修斯故事的决定性时

刻。然而，其他现存的古代文献鲜有祭祀方面的相关记述。举例来说，仔细思量一下普罗米修斯和歌队之间的这段对话——歌队由大洋神之女（Oceanids）组成，出自埃斯库罗斯的《被缚的普罗米修斯》。在该剧的开头，普罗米修斯被铐在山顶峭壁之上，歌队问他到底做了何事以至于遭受如此惩罚，他作出了相当不同的解答：

> 普：我让会死的凡人不再预见死亡。
> 歌：你为治疗这疾病找到了什么良药？
> 普：我把盲目的希望（blind hopes）放进他们的胸膛。
> 歌：你给予了凡人如此巨大的好处。
> 普：不仅如此，我还把火赠给了他们。
> 歌：那生命短暂的凡人也有了明亮的火焰？
> 普：是，凡人借助火将学会许多技艺。
>
> （《被缚的普罗米修斯》，248—254）

在这一版本中——我们将会在第三章对此作进一步的探讨——普罗米修斯神话的关键之处，不在于他发明了献祭，而在于他送给人类的礼物：希望，以及火。可是，伊索（Aesop）既没有提及献祭的发明，也没有谈到盗火，而是聚焦在普罗米

修斯造人事件上,以此来解释人类所具有的某些性格特征:

图1:亨德里克·戈尔齐乌斯的《普罗米修斯创造人类》。来源:感谢卫斯理大学戴维森艺术中心提供图片(Goltzius, *Prometheus Making Man*. Source: Photo courtesy of Davison Art Center, Wesleyan University)

依照宙斯的旨意,普罗米修斯创造了人类和动物。当宙斯发现动物的数量远远多于人类时,他命令普罗米修斯将一些动物变为人类以少它们的数目。普罗米修斯奉命照办,因而,那些原本是动物的人,虽然拥有人的形体,却有着动物的灵魂。

(《伊索寓言》,515,*Fable*,吉布斯[Gibbs]译,2002)

依据这段古文献的简述,我们可以看出,普罗米修斯神话根本没有任何一种固定或权威的叙事结构,而拥有无限的灵活性。不论是赫西俄德、埃斯库罗斯还是伊索,他们都没有像阿波罗多洛斯那样从头到尾地完整讲述普罗米修斯的故事。相反,他们分别选择了这一神话的某个特定主题或要素加以强调,并在特定的文学或文化背景下进行阐释。不过,在每种情况下,人人都清楚我们在讨论哪一个普罗米修斯。许多后古典时期(post-classical)的作家和艺术家们,也是有选择地利用了普罗米修斯的神话。普罗米修斯神话最为显著的一个特征,是它的弹性和灵活度——于是,这一神话的演变进程绵延不绝。

在其诗歌《普罗米修斯》("Prometheus")的最后几句,德国浪漫主义诗人歌德(Goethe)提供了普罗米修斯作为人类创造者的不同描述:

我坐在这里,造人,

依照我的形象,

创造一个和我相似的种族:

去受苦,去哭泣,

去享受,去欢愉——

永不听从于你,

正像我!

我们将在第四章看到,对歌德而言,普罗米修斯不仅象征着人类的反抗精神,而且还是诗意创造力的体现,因此,他选择对普罗米修斯神话中的造人事件进行阐释。英国桂冠诗人特德·休斯(Ted Hughes, 1930—1998),在他的一部诗集中反复重温普罗米修斯神话的丰富内涵,以这位泰坦神的故事作为进一步反思人类经验的起点。下面这首诗只是一例,出自《悬崖上的普罗米修斯》(*Prometheus on his Crag*):

悬崖上的普罗米修斯
开始羡慕起秃鹰
它知道自己的使命

它一次次扑食而来
不仅要吞噬他的心肝
还要竭力消化他的罪念

然后重悬于骄阳之下
像天上的一杆秤

权衡着这份生命的礼物

和这份礼物的代价
纹丝不动
仿佛两边都无足轻重

（休斯，2003）

休斯略去了普罗米修斯故事的大段情境——没有提及献祭、盗火以及造人——而是将镜头拉近，聚焦于这位神祇经受了无休止的惩罚之后的心境，设想他直面这场持续了三万年之久的行动后果的那一刻。20 世纪的澳大利亚诗人 A.D. 霍普（A.D. Hope）则彻底改写了普罗米修斯神话的结局，让我们意识到这一神话如此灵活可塑。在一首名为《被释放的普罗米修斯》（"Prometheus Unbound"）的诗歌结尾，依然被镣铐束缚着的普罗米修斯，突然看见赫耳墨斯（Hermes）从天而降并击断他的锁链。这位泰坦神问他，是宙斯变得心软还是失去了王权，赫耳墨斯却给出了这样的答复：

"他的智慧不容嘲弄"，这位神答道，
"这项伟大的判决不容更改或撤销。

> 他的原话是:'去,放了那个泰坦;
> 让他在人类骨灰的大海里四处漂泊,
> 痛苦煎熬,并评判那次盗火,
> 他们是因此而丧生。'"
>
> (休斯,1966,《被缚的普罗米修斯》,9—14)

如此一来,霍普颠覆了普罗米修斯神话的多个关键要素,却没有改变它的内核。普罗米修斯所获得的解放(此处,是赫耳墨斯释放了他,而不是赫拉克勒斯[Heracles]),结果却迎来了一种新型的永恒惩罚——对于人类,亦是如此。

如古代人一样,对于像歌德、休斯或霍普这样的诗人,普罗米修斯(以及其他)神话拥有无限的灵活性,是一座富于诗意的金矿。正是由于它无须详尽的细节描述,诗人可以从这个神话里提炼出丰富的主题以及关于人类经验的种种疑问,并加以阐述、延伸、质疑甚至是颠覆。除了像阿波罗多洛斯那样(或更为现代的版本)的神话手册之外,希腊神话未曾有过从头至尾的完整叙述,神话中被省略的元素具有重要的意义,如同那些被保留的元素。正因为这些故事已经家喻户晓,所以它们通常只被部分转述。

古典文本：神话的源泉

普罗米修斯神话和其他古典神话一样，具有选择性重述部分故事情节的特征。荷马史诗《伊利亚特》(*Iliad*)只叙述了特洛亚十年战争中最后十天的事件，《奥德修纪》(*Odyssey*)仅讲述了特洛亚战争结束后其中一位英雄的归家故事。这两部史诗都没有从头到尾地描述特洛亚战争。在这两部史诗中，你不会读到海伦的被劫、依菲格涅亚的献祭（the scarifice of Iphigenia）、特洛亚远征以及阿喀琉斯之死的故事。相反，每部史诗都以一个丰富而复杂的叙事传统作为故事前提，并在其中即兴创作。《奥德修纪》的诗人，请求缪斯女神在奥德修斯归家故事的"某个地方开始"吟唱，而我们有理由认为，在一个众人熟知的主题之上进行极其出色（或耳目一新）的改写，这样的故事会给听众带来很多乐趣。2004年的好莱坞电影《特洛亚》(*Troy*)是这种做法的一个当代范例。尽管它对荷马史诗的经典影响显得漫不经心，这一点激怒了包括专业古典学家和业余爱好者在内的许多观众，但这部影片对特洛亚故事的独特诠释可能比我们一开始意识到的更为"真实"。像荷马一样，《特洛亚》的制片人改编了古老的神话，以适应当代观众的兴趣和口味。

这种选择性呈现的原则，尤其适用于普罗米修斯神话的研究。事实上，在所有出自古典时代的神话中，普罗米修斯神话的灵活度最高。没有哪个文本（除了阿波罗多洛斯）从头至尾地讲述过它的完整故事，由此，我们必须留意一个神话与它的记载文本之间的差异。普罗米修斯神话构成了埃斯库罗斯的《被缚的普罗米修斯》的故事基础，但它并不等同于这部戏剧。埃斯库罗斯的戏剧只是为我们提供了这个神话的一种解读——当然，这是一种特别有力的解读，但它与我们发现的其他解读截然不同，如英国浪漫主义诗人佩西·比希·雪莱（Percy Bysshe Shelley）的戏剧《解放了的普罗米修斯》（*Prometheus Unbound*），或20世纪墨西哥壁画家何塞·克莱门特·奥罗斯科（Jose Clemente Orozco）的壁画作品。

同样重要的是要认识到，像普罗米修斯那样的神话，其呈现形式不一定是传统的书面文献。相反，和许多神话人物一样，普罗米修斯出现在希腊的瓶画、罗马的石棺、文艺复兴时期大师的画作之中——甚至成为20世纪各类公司广告作品的一部分。他的名字被借用于一家现代舞蹈团、木星的一颗卫星、多家医疗技术公司以及某个品牌的打火机。我们可以说，一个既定希腊神话的"权威"版本既无处不在，也无处可在。既然故事的素材已经存在，并被嵌入文化记忆，那么，每个讲述者都可以自由创新，重新讲述这个神话。

什么是神话？

现今，我们在使用"神话"一词时的一种概念是指曾经被相信而现在已经被"证伪（disproved）"的事物。神话是过去的故事，是古代或原始文化解释世界神秘之处的奇特尝试。现代文化常常宣称，客观的历史叙述和科学解释已经取代了这些富于创造性的奇异描述，如石头变成的人类，或驾驶着战车的太阳神。此外，神话的概念往往与特定的神话传统，特别是古希腊和古罗马的神话传统混为一谈，从而被排除在当代思考范围之外，而不被视为合法或具有信息价值的叙事记载。基于这种观念，即生活在现代世界的我们已经失去了对神话的兴趣，"神话"有时是一个贬义词，被用来否定那些明显虚假或误导性的描述。霍雷肖·阿尔杰（Horatio Alger）在19世纪中叶所描述的勇于追求成功的英雄故事，激发了人们的美国梦，即个人的努力奋斗——而不是出身背景——决定着一个人的最终社会地位。而当人们现在提到"霍雷肖·阿尔杰的神话"时，却是暗指社会阶层的向上流动并不像阿尔杰所描述的那般容易。同样，有些人目睹欧盟（Europe Union）几乎深入到每个成员国的所有公共政策领域，限制他们掌控自己的命运，这些人也可以合理地提出"主权神话"，甚至"民族国家的神话"。

但是，神话并不是未经证实的断言或误导性历史主张的同义词；它也并非专属于古老的传统文化。任何文化背景的人，都会讲述神话——即使是高度理性的 21 世纪公民也会这样做。神话——如英国人团结一致抵御德国闪电战（the Blitz）的英雄故事——帮助我们人类思考自身的本质以及存在的意义。然而，众所周知，神话是一个难以定义的概念。它的词源可以追溯到希腊语的 *muthos*［**话语**］。在荷马史诗中，*muthos* 指的是一种权威性的演说，用于发号施令、博得尊重，如阿伽门农（Agamemnon）在《伊利亚特》第二卷向三军将士发表的演说；涅斯托尔（Nestor）回顾自己青年时代的演说①则是另外一种。这些嵌在口述传统中的故事，依靠对过去的描述以及对光荣祖先著名事迹的颂扬来作为其道德和文化权威的来源。在公元前 8 世纪中叶，字母文字被引入希腊世界，于是，人们可以写下这些故事的不同版本并进行相关比较，而 *muthos*［**话语**］的含义，开始从权威性的话语（authorarive utterances）转变为也包含虚构（fiction）或谎言（lie）的事物。随后，自然是希腊思想家的出

---

① 在《伊利亚特》第 11 卷中，涅斯托尔向帕特罗克洛斯讲述了自己年轻时代的战斗事迹，想让他去劝说阿喀琉斯重返战场。——译注

场，他们开始批判这些神话并寻求其他的话语模式（modes of discourse）来解释世界和人类在其中的位置。然而，这并不是说，我们可以追溯出一条从神话（myth，即 muthos）到理性论证（rational argument，即 logos）的清晰演变轨迹，甚至开始对它们进行系统的区分。毕竟，这些被公元前 4 世纪哲学家柏拉图驱逐出其《理想国》（*Republic*）的故事（tales），被称为 *logoi*[**叙事**]①，而且在我们可能称之为更具理性思辨的哲学对话中，他经常会借助 *muthoi*[**神话叙事**]来阐明一个重要观点。

那么，至少可以说，神话是一个有问题的概念分类——对我们和希腊人来说，都是如此。有些学者甚至认为，*muthos*[**话语**]一词并未专指古希腊的一种特定叙事类型或思维模式，它并未为一个本土的叙事类别发挥作用。无论如何，神话并不是专属于古希腊人的事物——所有文化，无论是古代还是现代，西方还是非西方，都在讲述神话。那么，我们与其从希腊词源学或文学作品中寻找权威性的定义，不如将神话广泛定义为一种引人入胜的文化故事。

---

① 在《理想国》第二卷，柏拉图并未将 logos（也被音译为"逻各斯"，通常指逻辑理性，复数为 logoi）和 muthos（复数为 muthoi）断然区分开来，而有几处混用，根据上下文判断，它们似乎均指"故事／叙事"（376e—378a）。——译注

神话为什么如此重要?

神话承担着塑造社会想象力的功能。借用文化人类学家克利福德·格尔茨(Clifford Geertz)的一个概念来说,神话提供了一个共同的材料体系,这些不仅是很重要的思考对象,而且"有助于思考(good to think with)"其他相关事物(Geertz,1973:23)①。例如,特洛亚战争的神话为公元前5世纪的雅典人提供了丰富的思考语境——当陷入和斯巴达近半个世纪的敌意对抗时,他们可以借此审视战争的恐怖,完善自己的英雄主义观念。在这方面,我建议不要把神话看作是一种客体(object)或观念(idea),而将其视为一种依赖于预先加工好的丰富物料的信息交流系统,这一系统携带着许多可供联想、诠释以及解读的内容包。希腊神话是富于文化意蕴的此类物料,诸神是其中的一个重要组成部分。对于更为熟悉一神论(monotheistic)宗教传统的当代读者,奥林波斯诸神在神话和文学中的作用,实在让人难以理解。一方面,希腊神话中的神灵是构成希腊宗教的核

---

① 在其论著《文化的解释》(*The Interpretation of Cultures*)中,克利福德·格尔茨提出:"人类学家的研究发现的重要之处,在于它们复杂的特殊性、具体语境以及详尽程度……使我们不仅能够对它们进行现实性和具体性思考,而且更为重要的是,能够用它们来进行创造性和想象性思考。"——译注

心人物——比如宙斯、阿芙洛狄忒（Aphrodite）、阿瑞斯（Ares）和普罗米修斯，作为泛神论（pantheistic）宗教体系的一部分，他们都拥有自己的祭祀崇拜和特定节日。但另一方面，这些神灵也可以而且确实出现在文学、艺术和历史叙事中，从而超越了这种狭义的宗教背景。例如，阿耳忒弥斯（Artemis）和阿芙洛狄忒现身于欧里庇得斯（Euripides）的悲剧《希波吕托斯》（*Hippolytus*），帮助观众思考从绝对禁欲到乱伦强奸这一连串的性体验。同样，当宙斯出现在埃斯库罗斯的戏剧《被缚的普罗米修斯》时，他根本无须被介绍。宙斯会让人想到他身为神人之王的位高权重、他错综的亲密关系（与墨提斯［Metis］的婚姻）、他过去的丰功伟绩（打败泰坦神族），以及他的权势滔天（才智、强力、政治权威）。

如此，神话之所以富于强大的感染力，正是因为它能将所有这些预先加工好的、富于文化意蕴的物料——诸神、情节以及地点——加以利用，创造出一种引人入胜的重要故事。神话并不总是宗教的同义语，事实上，当宗教人物被运用到神话中时，通常是出于明显的世俗原因。利用希腊神话进行创作的文学（或艺术）文本，自然会聚集各式神性人物，他们以启发性而非宗教性的方式发挥自己的作用——他们"有助于思考（good to think with）"诸如战争、性或进步之类的重要问题。

神话不是静态的故事集合，而是一个充满活力的信息交流系统，并会随着时间的推移，在一种文化内部中发挥着重要作用。最重要的是，它们帮助各种文化以一种富有成效的方式去容纳和调适各种变迁。在这方面，我们可以按照法国文学理论家罗兰·巴特（Roland Barthes）提出的以下观念，来思考神话与历史之间的关系：

> 世界为神话提供了一种历史真实（historical reality），即便这种历史真实可以追溯到相当久远的时代，它的意义也是由人类创造或运用它的方式来界定；而神话给予世界的回馈是反映此种真实的**自然**（natual）形象。
>
> （巴特［1957］，1972：142）

在本书中，我们将了解普罗米修斯神话在迥异历史背景下的各种讲述之道——古风时期和古典时期的希腊、法国大革命之后以及 20 世纪末的英国。我们将看到，正如巴特所言，普罗米修斯神话的每一次讲述，都被当时的具体历史环境赋予了一种截然不同的真实。然而，归根结底，神话的真正力量在于，它每一次都能让特定的历史背景显得自然真实——这是唯一可行的方式。

普罗米修斯神话

由于神话具有内在的灵活性,我们需要查看一系列的文本来为古希腊人勾勒出普罗米修斯神话的情节参数。荷马史诗没有提到普罗米修斯,因此,我们必须翻阅古希腊诗人赫西俄德的作品,在那里首次遇见这位为人类盗取火种的希腊神。赫西俄德将普罗米修斯的故事写进了自己名下的两部诗歌作品:《神谱》和《劳作与时日》(*Works and Days*)。在《神谱》中,赫西俄德解释说,普罗米修斯通过欺骗宙斯接受较少份额的牛骨与肥肉,帮助人类建立起了祭祀制度。当宙斯向人类隐藏了火种以示惩戒时,普罗米修斯从奥林波斯诸神那里盗回火种并送还人类。因为这一行径,他和人类都受到了严厉的惩罚。在《劳作与时日》中,赫西俄德更详细地讲述了宙斯如何将第一位女人潘多拉赠予人类,作为他们获得火种的惩罚。而在《神谱》中,他又讲述了普罗米修斯如何被捆绑在高加索山,被一只老鹰日日吞噬他那不断再生的肝脏,直到赫拉克勒斯出现,将他从这场折磨中解救出来。

普罗米修斯神话的早期图像资料也强调了故事的这两个阶段:普罗米修斯因盗火而受到惩罚,以及他最终从赫拉克勒斯手中获救。该神话最早的视觉再现（visual representations），和赫西俄德的诗歌（公元前 7 世纪中叶）大致同代，聚焦了普罗米修斯的受罚场景。例如，普罗米修斯出现在一块希腊宝石上面，双手被绑于背后，蹲在一只长翅鸟的面前。我们在公元前 6 世纪的阿提卡（Attic）和伊特鲁里亚（Etruscan）花瓶上，发现了赫拉克勒斯解放普罗米修斯的图像；在现藏于柏林的一个双耳瓶上，普罗米修斯仍旧蹲在鹰的面前，而这一次，赫拉克勒斯则现身于普罗米修斯的身后，正对着那只鹰张弓搭箭；现藏于梵蒂冈博物馆（Vatican Museum）的拉科尼亚杯（Laconian cup，约公元前 550 年），展示了普罗米修斯和他的兄弟阿

图 2：阿特拉斯和普罗米修斯，inv. 16592，拉科尼亚杯，约公元前 550 年。来源：感谢罗马梵蒂冈摄影档案馆提供图片（Atlas and Prometheus, inv.16592.Laconian cup, c.550 BC.Source: Photo courtesy of Photographic Archives,Vatican,Rome）

特拉斯，两位都是宙斯怒火的受害者（图2）。阿特拉斯弯腰站着，肩上扛着天空的重担，普罗米修斯则坐着，老鹰正立于其腿上啄食着他的肝脏。

在赫西俄德之后，直到公元前5世纪，我们才发现另一个延伸自普罗米修斯神话的文学处理。雅典悲剧家埃斯库罗斯在他的戏剧《被缚的普罗米修斯》中，借鉴了普罗米修斯从宙斯那里盗取火种并随后赠予人类的故事。这部剧作可能是专门描写普罗米修斯神话三部曲的一部，它将该神话置于泰坦神和宙斯之间更为激烈的冲突背景下，并以此来赞颂人类从原始的动物情态迈向更文明生活的巨大进步。我们还有证据表明，埃斯库罗斯写过一部名为《燃火者普罗米修斯》（*Prometheus Fire-Kindler*）的萨提尔剧（satyr play），该剧以及公元前5世纪的一些瓶画，似乎都不太关注普罗米修斯的受罚，而是特意强调他赠予人类的火种礼物。

也许早在公元前5世纪时，普罗米修斯用泥土或黏土造人的故事，便已在雅典家喻户晓。有一则可追溯到古典时期的伊索寓言说，"普罗米修斯用黏土创造人类时，不是混合了水，而是混合了眼泪"（《伊索寓言》，516，译者Gibbs，2002）。这段指涉文字表明，普罗米修斯是人类创造者的故事，已在当时流传开来。然而，虽然普罗米修斯的人类创造者一面可能已经为人所知,但有意思的是,它并没有构成古代或古典希腊世界中主要文学或艺术作品的基础。这个故事只在公元前4世纪被喜剧诗人米南德(Menander)和菲勒蒙(Philemon)简单提及。不过,作为人类创造者的普罗米修斯,确实出现在公元前3世纪和公元前2世纪的伊特鲁里亚或意大利的宝石上,奥古斯都时期的罗马诗人对这个主题颇为热衷。奥维德在他的《变形记》开篇描述了地球的创世神话,其中包括了普罗米修斯以水和土塑造人类的故事:

> 伊阿佩托斯之子将泥土与雨水混合,塑造成掌控一切的神灵的模样。当其他动物面向大地匍匐在地时,他却给了人类一张仰起的脸,命令他仰望天空,把脸转向星辰。这样一来,原本粗糙无状的大地便发生了变化,出现了前所未知的人类形态。
>
> (《变形记》,1.82—88)

古罗马抒情诗人卡图卢斯(Catullus)、贺拉斯(Horace)和普罗佩提乌斯(Propertius),也都暗指普罗米修斯是人类的创造者。

除了富于诗意的描绘,普罗米修斯创造人类的视觉意象也吸引着罗马人,特别是在葬礼的场合。例如多利亚·帕姆菲利别墅（Villa Doria Pamphili）的卡皮托林石棺（Capitoline Sarcophagus）所雕刻的普罗米修斯形象，它呈现了从火神工坊盗火的柏拉图式普罗米修斯，又结合了埃斯库罗斯笔下普罗米修斯的解放叙事以及一场精心描绘的灵魂之旅。在这一层面，普罗米修斯的创世神话为新柏拉图主义的肉体与灵魂二元论概念，提供了视觉象征，同时也影响了基督教传统中关于人类起源的叙事。

由此，一个普罗米修斯神话的合成体从古代文献中浮现出来，其形象清晰可辨：普罗米修斯从众神那里盗得火种并赠予人类，他因这一行为受到惩罚，最后被赫拉克勒斯解救。据说，他还用黏土和水创造了人类，并用火赋予他们生命。为什么艺术家、作家、诗人和剧作家总会一次又一次地回归普罗米修斯的故事呢？2500 年以来，在他们对普罗米修斯和人类境况的反思中，显露出了哪些关键问题和最引人注目的主题？

普罗米修斯神话的主题：火、反抗、创造力，以及劳作

当然，火是普罗米修斯故事的核心。从古至今，普罗米修斯通常都被描绘成高举火炬的自豪模样。火以及它所促成的技术，即刻开启了文明生活的源泉，使人类摆脱了自然界的束缚——拥有了寒冬里的温暖、黑暗中的光明以及煮熟而非生冷的食物——但同时也是带来破坏和毁灭的历史工具。这种根本性的含混暧昧是普罗米修斯火种礼物的关键所在，许多诗人和艺术家的作品都聚焦于此，我们将在本书中仔细讨论他们的相关作品。火，为人类提供了物质工具和精神手段，用以发展所有相关技术和技能，而这些技术技能标志着人类是高于野兽的优越存在。然而，从古典时期的雅典到20世纪的欧洲，人类一直将目光投向这位普罗米修斯，以认识到火能将我们和我们所居住的地球带回到荒蛮时代的毁灭性潜力。

普罗米修斯的火种礼物是一种偷来的礼物，文学评论家丹尼斯·多诺霍（Denis Donoghue）在他的系列文章《盗火贼》（*Thieves of Fire*）中，对该神话的此种寓意——似乎普遍存在的一个元素——提出了一些颇有意思的推断。他指出，正当得来的礼物会确立一种赠予者和接受者的双方关系，而盗窃得来的礼物却引出了一个第三方，即礼物的原始所有者。这便提出了关于原主人和接受者关系的重要问题——在普罗米修斯盗火事件里，指宙斯和人类之间的关系。人类在多大程度上被牵连到普罗米修斯对宙斯的犯罪之中？如果礼物已经被盗来了，那么其接受者能否从这份礼物的暴力来源中自我脱罪？

因此，普罗米修斯的神话往往始于一个僭越行为，进而勾勒出一个复杂的三角关系。普罗米修斯不只是赠予人类火种,还是为人类盗来的火种,他从宙斯那里盗火的行动是对这位当权者的反抗。普罗米修斯神话的革命性一面从一开始便具有强大的感染力,它拥有多种呈现形式:普罗米修斯盗取火种,创造人类,在献祭时蒙骗宙斯,向宙斯隐瞒秘密。从本质上讲,普罗米修斯是一个反叛者,他代表并帮助那些无权无势的人,与暴政和各种专制政权进行不断的抗争。然而,与此同时,普罗米修斯又充当了一种替罪羊的角色——为人类的困境和苦难负责。正如我们在前文所指出的那样,他的行为带来了后果——不仅为他自己,而且也为人类——由此,普罗米修斯也被卷入了标志着人类经验的苦痛折磨。

这种苦难,往往是普罗米修斯创造性活动的重要元素——我们记得伊索指出,普罗米修斯用泥土和眼泪塑造了人类,从而建立了这种关联。有些人寄希望于艺术来缓解或解除人类经验中心的不可避免的苦难,精心阐述人类的痛苦或强大的反抗意识,或两者兼而有之。其他人则以普罗米修斯的光辉来照亮自己的创作之路——将这位神视为自己艺术追求的典范。还有一些人认为,普罗米修斯的火种礼物象征着艺术家的想象力。然而,和普罗米修斯留给人类的其他遗产一样,创造性的冲动也可能是一种危险的冲动。所以,普罗米修斯也被用来质疑人类干预神圣创造的能力限度——在艺术、技术和医学等领域。

最后,普罗米修斯的故事是关于劳动者的故事。在普罗米修斯之前,人类不需要工作——在黄金时代(Golden Age),大地把果实免费赠予人类,生活轻松又惬意。可是,一旦普罗米修斯偷来了火种,宙斯要惩罚获得这份礼物的人类,便收回了这种舒适的生存方式。从那时起,普罗米修斯开始象征着人类对工作的需求——无论是古希腊时期艰苦繁重的农耕生活,还是雅典工匠在制陶区的技术能力应用,抑或是工业革命时期日复一日枯燥疲惫的工厂劳作。普罗米修斯的革命历史以及他与人类劳动的关联,使他成为一个帮助我们思考历代人类经验中的工作意义的完美人选——管理层对工人的剥削,恶劣的工作条件,以及其他问题。

普罗米修斯和人类境况

作为盗火者、权威的反叛者、人类的创造者和工作的守护神,普罗米修斯帮助我们学会面对人类境况的根本复杂性——它的性质、范畴以及演变。普罗米修斯神话是希腊神话中极富歧义的一个神话,它被用于讲述一个关于人类境况的故事,以庆贺人类以自己的智力、想象和技术克服了自然设下的种种阻碍。

不过，普罗米修斯的神话也被用于解释人类的处境，即我们的日常生活为何会有艰辛的劳动、压抑的政治状况以及无尽的苦难。

同一个神话怎么会产生如此迥异的人类境况叙事？普罗米修斯和他的神话情节，并未美化或哀叹任何单一层面的人类经验，而是一再为我们提供诠释性关于人类在特定时期对于特定群体意味着什么的思考框架。普罗米修斯神话生成的每一个故事，都为故事讲述人的文化和经验所特有。这并不是说普罗米修斯的神话变了模样，而是他所代表的人类经验的性质已经发生了变化。阿芙洛狄忒没有歌颂爱情观念，阿瑞斯没有歌颂战争制度，同样，普罗米修斯也没有歌颂人类的处境。相反，像所有具备真正影响力的神话人物一样，普罗米修斯帮助我们反思甚至重新想象自身的人类经验。以巴特的表述公式而言，普罗米修斯的神话，能将历史给予特定民族的任何一套境遇化为自然状态（natualize）——从而赋予其意义。普罗米修斯，这位神明在他赠予人类的礼物里加入了希望，给了我们应对人类经验中不确定因素的方法。作为普通的凡人且仅拥有对于世界的有限认知，我们只能猜测人类存在的意义，而普罗米修斯名字中的词源含义"先见之明"一直是其神话的核心内容之一。

研究综述和本书概览

基于这些原因,最初在古希腊得以清晰阐述的普罗米修斯神话,继续在历史的重要时刻崭露头角。最重要的是,普罗米修斯如何帮助不同的文化在不同时期思考人类存在的意义,本书将就此展开讨论。卡尔·克雷尼(Carl Kerényi, 1963)的普罗米修斯一书采用了荣格心理分析方法(Jungian approach),将普罗米修斯视为"人类存在的原型意象"。虽然有些不合时宜,但它仍然对普罗米修斯这一从古代世界到歌德时代的神话人物研究有重要贡献。除了克雷尼的书之外,关于普罗米修斯的学术研究主要有两大方向。例如,路易斯·塞彻(Louis Séchan)和雷蒙·特鲁松(Raymond Trousson)的精湛论述就对欧洲文学中的普罗米修斯神话进行了全面调查,范围涉及多个年代及语言种类。对于那些乐于了解普罗米修斯在欧洲文学和思想中的影响的人来说,这些著作依旧颇有价值。其他人则倾向于从狭义的角度对普罗米修斯在某一作家或某一时期内的神话形象展开研究。例如,让-皮埃尔·韦尔南(Jean-Pierre Vernant)对赫西俄德诗歌中的普罗米修斯进行了结构主义分析,出色地展现了普罗米修斯神话对古希腊文化体系的详尽诠释。斯图尔特·柯伦（Stuart Curran）、琳达·刘易斯（Linda Lewis）和其他浪漫主义时期的学者则对雪莱（Shelley）、拜伦（Byron）和歌德作品中的普罗米修斯形象进行了颇有洞见的相关研究。

本书的目标定位是，将具有一定历史跨度的广义性普罗米修斯神话研究，与更具分析深度的狭义性普罗米修斯神话研究结合起来。为此，我挑选出几个关键的历史时期，普罗米修斯在当时颇受关注，并产生了极大的影响。我在每一章都设定了两个方法论上的目标——首先，我将分别论述并解释，特定的历史、文化和政治语境，如何在当时的文学和艺术中，激发并形成对普罗米修斯神话的特定解读。其次，我将详细阐述普罗米修斯那些超越时空及地域的形象特征，它们在普遍意义上界定了人类的处境。为了最大限度地清晰阐明其历史解读的先后顺序，我大致遵循了普罗米修斯神话解读的时间顺序，尽管是在较为宽泛的时间顺序下展开论述，我的关注点是普罗米修斯神话的核心主题，以及普罗米修斯对阐明人类境况之普遍属性的重要意义，这意味着我采用的一定是主题性分析方法，而不是严格的历史性分析方法。

本书从古希腊时期赫西俄德的两部诗歌开始，它们为我们提供了普罗米修斯神话最早的文学延伸处理。赫西俄德笔下的普罗米修斯是一个诡计多端的人物，应为人类生活的衰退而负责，是他让人类失去了安逸富足的早期境遇。两个世纪后，在繁荣强大的雅典城，普罗米修斯则讲述了一个截然不同的人类经验故事。接下来的两章将借助一系列文献、图像资料和其他主要物证，勾勒出作为火与技术使者的普罗米修斯在古雅典时期的政治及文化形象。第四章将展示普罗米修斯的反叛性——政治以及创作意义上的反叛性——如何启发了浪漫主义诗人的想象，尤其是在19世纪初期的英国。当时，这个时代的大部分希望、恐惧和失望，都集中在拿破仑这位富有领袖魅力却又问题重重的人物身上，普罗米修斯的神话人物的内在丰富模糊性，对于诗人、小说家和艺术家而言，尤其有利用价值。接下来，最后一章将聚焦于英国诗人托尼·哈里森（Tony Harrison）1998年拍摄的电影《普罗米修斯》（*Prometheus*），以了解普罗米修斯作为技术的守护神和无权无势的劳动者的代表，如何在20世纪及以后继续建构我们对人类境况的看法。借助雪莱的《解放了的普罗米修斯》的视角，哈里森回顾了赫西俄德和埃斯库罗斯的神话传统，对普罗米修斯赠予人类的礼物进行了有力的批判，在这方面，他的电影将作为理想的研究文本，从中得出一些关于普罗米修斯更广泛神话意义的一般性结论。

普罗米修斯神话具有无限的广阔性和灵活性，只要我们愿意去探索和挑战人类经验的局限和潜力，那它就会继续适应于

不同的历史现实和环境。现在,如同在赫西俄德、埃斯库罗斯 　23
和浪漫主义诗人的时代那样,普罗米修斯神话为富有成效的文
化思考和自我反省提供了重要机会。

关键主题

Key
Themes

一、诡计大师：赫西俄德的普罗米修斯

希腊历史学家希罗多德（Herodotus）告诉我们，是荷马和赫西俄德两位诗人教会了希腊人认识自己的神明："是他们为希腊人创造了诸神谱系，给众神明以合适的名称，分配了各自的荣誉和技能，并揭示了他们的样貌。"（2.53.2）虽然荷马没有提到普罗米修斯，但赫西俄德在他名下的两首诗中讲述了这位神明的故事，即关于众神和世界起源的《神谱》和传统智慧文学（wisdom literature）的劝谕诗《劳作与时日》。综合来看，赫西俄德的诗歌，为普罗米修斯在古代世界以及现代接受中的研究提供了明确的起点。它们将普罗米修斯描述为一个诡计多端的人物，为他的神话帮助古希腊人思考人类境况的复杂和模糊本质提供了有力佐证。赫西俄德借助普罗米修斯赠予人类火种的故事，标记了人类与众神世界的分离，并解释了当时人类经验所具有的苦难与劳作特征。夹在恢宏壮丽的荷马宫廷世界和革新进取的古典盛世之间，赫西俄德生活在一个资源匮乏、机会有限的世界。赫西俄德用普罗米修斯与宙斯的斗智故事——盗火事件、献祭的起源、作为宙斯反击礼物的潘多拉——来帮助当时的希腊人思考他们的生活为何如此艰难。赫西俄德笔下的普罗米修斯,将人类的生存状态描述为一种从安逸富足和健康无忧转为衰落的境况。潘多拉的出现,以及她带来的那个盛满邪恶和疾病的瓶子,也突显了女人在更广泛人类经验中的不确定性影响。在仔细研究赫西俄德的《普罗米修斯》之前,我们需要好好了解一下赫西俄德——关于他的作品,以及他的时代。

赫西俄德和他的时代

这位名为赫西俄德的诗人,在他的诗里告诉了我们很多关于他自己的事情。例如,在《劳作与时日》中,我们了解到他的父亲来自小亚细亚海岸的库莫城(Kyme),他为逃离"可怕的贫穷"而出海经商,最后迁居到阿斯克拉(Askra)——一个位于波尔提亚(Boeotia)西部的村庄。据赫西俄德描述,这个地方"冬天寒冷,夏天酷热,从没有一天日子好过"(《劳作与时日》,行640)。赫西俄德把这首诗写给自己的兄弟佩尔塞斯(Perses),告诫他停止奢侈的享乐生活,并请求他不要发起关于父亲遗产的诉讼,而是安下心来从事一些生产性劳作。在《神谱》中,赫西俄德说出了自己的名字,还告诉我们,当他在赫利孔山(Mr. Heikon)的山坡上放牧时,缪斯女神授予他一根月桂树枝,并以神圣的歌声激发了他的灵感,让他拥有了可以歌唱过去和未来之事的诗情。

在很大程度上,正是基于这些"自传式"的细节,我们才倾向于认为赫西俄德和他的诗歌与荷马史诗里那位无名游吟诗人截然不同。相比之下,赫西俄德在自己的诗歌中融入了鲜明的个性和自我的声音,留给人的印象是,他在歌唱自己生活的各个方面。然而,赫西俄德的自述技巧,源于比诗人更古老的传统。在每一部诗歌中,他都创造出一个横跨历史现实和诗歌虚构的作者人格(authorial persona),而这种叙事方式可能会让现代读者和学者感到难以理解。例如,在《神谱》中,赫西俄德扮演的是一个颂诗诗人的角色,而在《劳作与时日》中,他将理查德·马丁(Richard Martin)所说的局外人的权威声音与传统智慧文学类型中常见的劝谕者的角色结合起来。格里高利·纳吉(Gregory Nagy)甚至认为,赫西俄德这个名字的词源是指"发出声音的人",意味着他不是一个真实存在的历史性个体,而是作为一个展现缪斯女神神圣之歌的通用化名。

赫西俄德在《劳作与时日》中描述的世界,对应着我们所知甚少的古风时期的希腊世界(公元前8至公元前7世纪),

那是一个自给自足的农业社会,由"贪财受贿的(gift-devouring)"王爷们统治。在有时被称为"黑暗时代(Dark Age)"之后出现的古风时期,希腊城邦和地中海世界其他地方的接触愈发频繁,一方面借助贸易往来,另一方面通过海外殖民。虽然这种经济导向和规模上的变化,给一些人尤其是精英群体带来了财富增长,但正如我们从赫西俄德的《劳作与时日》中所看到的那样,那些并不富裕的群体却经受着机会和资源的大幅缩减,在残酷无情的农业经济中度日艰难。

综上所述,《神谱》和《劳作与时日》提供了一个独特的路径,让我们了解到古风时期的普罗米修斯。他在这两首诗里都扮演了重要的角色,为人类盗取火种,以及随后受到宙斯的惩罚。而每一次的故事叙述都略有不同,受到了文学体裁惯例以及社会历史背景的影响。尽管有所差异,这两段叙述却互为补充,呈现出一个有内在连贯性的普罗米修斯形象——他是一个诡计多端的人物,象征着人类在古风时期为谋求宜居生存世界的奋斗挣扎。此外,该神话还提供了关于古代希腊早期人类状况的评述。

《神谱》将许多不同的神话串联在一起,对宇宙的起源进行了全面的诗性阐述,建构起了一个可以世代延续的诸神谱系。另一方面,《劳作与时日》是一种被称为"智慧文学"体裁的范例,其特点是提供包含处世箴言及生活常识在内的通用行为准则——一切都置于虚构为主的背景之下。在这两种截然不同的文学语境中,赫西俄德每次都提到了普罗米修斯这个神话人物。虽然每首诗各自突出或淡化了该神话的不同层面,但它们的基本故事框架并无二致。若我们把这两首诗放在一起,那么整个故事的发展会是如下模样。

赫西俄德的普罗米修斯

在《神谱》中,普罗米修斯是泰坦神伊阿佩托斯和大洋神之女克吕墨涅的儿子。他有三个兄弟,分别是墨诺提俄斯、阿特拉斯和厄庇米修斯,他们都遭受过宙斯的惩罚。作为诗人自己赞颂宙斯统治的更大计划的一部分,赫西俄德引入了普罗米修斯,将其描述为一位敢于和强大宙斯比拼智慧却最终失败的神。他解释说,当众神和凡人在一个叫墨科涅的地方相聚时,普罗米修斯宰杀了一头大公牛,并将它分配给众神和人类。他施展诡计让宙斯选择了牛骨和脂肪,而把丰美的牛肉留给了人类食用:

> 这便是普罗米修斯的诡计。但智慧无穷的宙斯,

普罗米修斯

识破了他的骗局,心里开始盘算

人类的麻烦,而它将会付诸实现。

他双手拿起油亮的脂肪,

看到了白骨的巧妙堆放,

不由气上心头,怒火中烧。

(《神谱》,550—555)

赫西俄德解释说,这就是为什么人类在祭祀时会把不能吃的骨头和脂肪献给神明,而把更有价值的熟肉留给自己。然而,宙斯对普罗米修斯的欺骗行为颇为震怒,作为回敬,他从人类那里收回了"不灭的火种"。普罗米修斯便为人类盗回了火种,把它藏在一根空心的茴香秆内,当宙斯又看到火在人群中燃烧,出于报复,便创造了人类"获得火种的代价":第一个女人。

在《劳作与时日》中,赫西俄德给这个女人起了个名字,叫潘多拉,因为创造她的时候,"奥林波斯山的所有神明都给她赠送了礼物"。赫菲斯托斯在泥土里掺和了一些水,揉捏出她美丽的身形,并给了她人类的声音;雅典娜教会她刺绣和编织;阿芙洛狄忒赋予她优雅和欲望;赫耳墨斯则给了她"邪恶的头脑和狡诈的心"。当众神创造出潘多拉之后,宙斯派赫耳墨斯将她带到普罗米修斯的愚钝兄弟厄庇米修斯面前,他代表人类接纳了她，事后才想起普罗米修斯曾警告自己不要收取宙斯的任何礼物，但为时已晚。而正如赫西俄德所观察到的那样，现在，人类再也不能像原先那般没有烦恼、没有劳作地生活。因为潘多拉带来了一个大大的瓶罐，里面装着所有困扰人类的烦恼和苦难，而她把这些散落在了人间。只有希望留在了瓶里，潘多拉在它飞出去之前，猛然盖上了瓶盖。于是，赫西俄德得出了结论："不幸遍布着大地，大海里也是如此。"

借助潘多拉和她的邪恶之瓶，宙斯给人类带来了苦难，以之作为他们获得火种的回敬。而对于普罗米修斯，他安排了另一种惩罚：

> 他用无法挣脱的锁链绑住了普罗米修斯，
> 痛苦不堪的束缚，以一支长矛穿过他的身躯，
> 又派去一只长翅的鹰，不停地啄食
> 他那不朽的肝脏，而无论那长翅的鹰
> 白天如何啄食，那肝脏一到夜晚便恢复原样。
> 是美踝的阿尔克墨涅（Alkmene）之子
> 赫拉克勒斯，杀死了这长翅的鹰，免除了不幸，
> 让伊阿佩托斯的儿子摆脱了它的折磨，得以解放。
>
> （《神谱》，521—528）

就这样，泰坦遭受了宙斯的惩罚，而他最终在赫拉克勒斯手中获得解救。赫西俄德以这段比较简短的描述结束了普罗米修斯的故事。

普罗米修斯与宙斯：一场智力的对决

在《神谱》中，普罗米修斯神话是诗人更大布局的一部分，旨在颂扬宙斯获得权力并加以巩固的事迹。这位诗人告诉我们，为了避免前两代神王的命运，宙斯集结了武力和智慧的双重技能来巩固他作为神人之王的地位。当宙斯受到一个警告，说他会和自己的父亲一样，被墨提斯（聪明智慧的化身）给他所生的儿子推翻，于是宙斯将墨提斯吞入腹中，将她的力量化为己用。在希腊思想中，女神墨提斯代表着一种与诡计、欺骗和谎言有关的智力技巧；**智巧**（*metis*）常常与力量或身体能量相对应，并在变化多端的区域和模糊暧昧的环境里运筹帷幄。例如，在《伊利亚特》第23卷，涅斯托尔（Nestor）告诫安提洛科斯（Antilochus），御者通过智巧来战胜对手，正如："优秀的伐木人，不是依靠蛮力，而是依靠智巧。舵手正是依靠智巧让疾行的船在酒色的海上逆风而行，御者正是依靠智巧战胜御者。"（《伊利亚特》，23.315—318）智巧的语义场还包含它的现实效用,可以是任何形式上的机智多谋,如精通一门技艺,成功做到某件事,以及战场上的狡诈策略。普罗米修斯,这位被赫西俄德描述为"能够设法从几乎不可挣脱的困境里脱身"的神,此处也是作为智巧的原型出现——他的名字本身包含了这个词。普罗米修斯所拥有的预判知识,是他与宙斯智力对决中的有力武器。

回到《神谱》,我们可以从中看出,普罗米修斯的故事在这首诗里的功能是赞颂宙斯的智慧。该故事情节的开头和结尾,都提到了宙斯对普罗米修斯的惩罚,重复着"没有人能够欺骗宙斯,即使是非常聪明狡猾的普罗米修斯也不行"这句话。我们首先注意到的是神话对欺骗的关注。在这段话中(行535—616),狡猾和机灵这样的词语被提及了15次,用来描述普罗米修斯和宙斯的本性和行动;事实上,这段情节以一场智力竞赛的架构展开。

第一个回合:普罗米修斯试图用不等量的祭品来欺骗宙斯,但宙斯并没有被愚弄。他回答说:

"伊阿佩托斯之子,聪敏超群的朋友,
你仍然没有忘记玩弄花招?!"

(《神谱》,533—544)

而宙斯,这位"智慧无穷"的神,以扣留凡人的火种作为报复。第二回合:普罗米修斯偷取火种并将其藏于茴香秆内送还给凡人,成功骗过了宙斯。但当宙斯看到"人类有了远处可见的火光",便安排创造了第一个女人,赫西俄德把她描述为"人类无法抗拒的纯粹骗局",由此在最后一轮中胜过了非常聪明的普罗米修斯。普罗米修斯和宙斯之间的竞争,和宙斯征服怪物提丰(Typhoeus)或其他泰坦的激烈战斗不同,是一场智力竞赛,而不是体力比拼。在一定程度上,诗人引入普罗米修斯的神话,是为了赞颂宙斯自身的卓越智力——如果宙斯能智胜普罗米修斯,那他就是最聪明的神。

诡计多端的普罗米修斯

在这个方面,赫西俄德笔下的普罗米修斯,与聪明、诡计和欺骗有诸多关联,他和几乎出现在每一个传统社会中的传统神话和民间传说里的诡计师(trickster)形象有很多共同之处——有时以神明的形象,有时以动物的模样。诡计师是形象模糊的异常人物;他们是欺骗者,甚至是变形者,还通常是沟通神界和凡界的桥梁。在一篇关于北美印第安人诡计师的文章中,麦克·林斯科特·里基茨(Mac Linscott Ricketts)将诡计师定义为:

他将无序的神话世界变为现今有序的造物世界；他是为人类谋福利的怪物杀手以及光、水、火等物的盗贼；他是文化技能和社会习俗的传授师；但他也是一个恶作剧者，色欲旺盛、贪得无厌、极度虚荣、善于欺骗，无论对朋友还是对敌人都心机深重；他是大地上一个不安分的漂泊者，也是一个经常被自己的诡计和愚蠢所害的轻率之徒。

（里基茨，1965：327）

最著名的两个诡计师是印第安人的土狼（Coyote）和西非的安纳西梵蛛（Anansi）。两位都以滑稽反常取悦自己的民众，然而他们的大胆不羁却让日常普通概念受到了质疑。诡计师通过欺骗说出真相，由此可见，诡计故事并不只是游戏和娱乐的来源，这些故事与讲述人的社会经历有着根深蒂固的关联。

诡计多端的人物，往往与偷窃和欺骗而不是与武力或暴力有关，赫西俄德的普罗米修斯无疑符合这一描述。诺曼·O. 布朗（Norman O. Brown）曾指出，通常被翻译为"偷"的希腊语动词 kleptein［**偷盗**］，实际意味着"秘密地移走、欺骗或采取秘密行动"，而赫西俄德笔下的普罗米修斯从天神那里偷来火种并藏于茴香杆内，便融合了这两种含义。尽管诡计师聪明又机智，但他们也经常被刻画为导致失序或造成混乱的愚蠢人物。

在有关诡计师的叙事中,狡猾和愚蠢是相辅相成的两面,并互为关照。卡尔·克雷尼认为,传统诡计师形象的积极和消极特质,是通过普罗米修斯和厄庇米修斯两兄弟在希腊传统中得以体现的:

> 普罗米修斯的每一项发明,都会给人类带来新的痛苦。他刚刚成功发明了献祭,宙斯便剥夺了人类的火种。而当普罗米修斯偷取了火种之后,自己便被宙斯从凡人中抓走受罚,留下了厄庇米修斯作为他们的代表:愚蠢取代了智巧。他们的兄弟关系,显示出这两个人物之间的深刻关联。甚至可以说,他们体现了由一个既狡猾又愚蠢的原始生命分裂而来的两面性:先知先觉的普罗米修斯,后知后觉的厄庇米修斯。正是由于他的盲目冲动,才给人类招来了一个意味着无穷痛苦的众神礼物:潘多拉。
>
> (克雷尼,转引自雷丁,1956: 181)

尽管赫西俄德笔下的普罗米修斯才智过人、费尽心机,但他对宙斯的欺骗(献祭,盗火)行为并没有真正帮到人类。不仅他本人因为偷窃受到了惩罚,而且还直接造成了人类的苦难,导致凡人与安逸神界的分离。

在这方面，普罗米修斯的故事和其他诡计多端的人物一样，确立了人类世界的"是然（as it is）"——而不是它的应然（as it should be）。而他这样的做法，无视或背离了众神的计划。诡计师常以变革性的人物形象出现，他们体现了人类为使世界更富人性化而进行的不懈努力。诡计师故事有助于探究一种文化的内在运作，因为没有什么比那些逃避秩序事件的指认更能确认社会秩序的意义。这位模棱两可的诡计多端的人物自如地跨越各类边界——上层/下层、男性/女性、自然/文化——代表了处于阈限状态（liminal state）的人类自身，并颂扬了人类处于阈限状态下的创造性和变革性力量。

无论是西非的安纳西梵蛛，还是古希腊的普罗米修斯，最好将他们牢牢置于各自的文化背景之中去理解这些诡计师的复杂性，如此一来也会揭示出该文化的丰富意义。在普罗米修斯这个神性人物的案例中，他的盗火行为扰乱了神人两界，而他的行为既威胁又重申了构成古希腊文化的规则和惯例。特别值得注意的一点是，普罗米修斯的故事呼吁人们关注古希腊重要的文化分野和界限——人与神、人与兽、男与女的界限。此外，它还记述了那些定义当时希腊生活的人类制度：献祭、婚姻、农业。最后，它对隐藏、欺骗和诡计的关注，展现了希腊人所设想的人类境况的模糊本质。

普罗米修斯与人类境况

在一篇颇具影响力的文章《赫西俄德的普罗米修斯神话》中，法国古典学家让-皮埃尔·韦尔南提出，普罗米修斯的故事"界定了人类处于野兽和神明之间的地位：它的特征包含了献祭、用于烹饪和技术创造的火、被视为妻子和口腹之欲的女人、以五谷杂粮为食以及从事农业劳动"（Vernant，1988：192）。此外，他还指出，普罗米修斯的诡计即他的盗火行动借助祭祀仪式将人神分离加以神圣化，由此产生了不可避免的后果：（偷来的）火、女人和婚姻、农业和劳作。最终，所有这些元素密不可分地交织在一起，构成了这一神话的核心内容。赫西俄德记述普罗米修斯神话的两个故事具有一定的互补逻辑，它们提供了宝贵的深刻洞察，可以让我们深入了解诡计多端的普罗米修斯如何促成了古希腊的人类境况。

祭祀

《神谱》中的普罗米修斯神话，除了圣化宙斯的神王统治地位之外，还涉及神界与凡间的关系。尤其是普罗米修斯为人类盗取火种的行为与墨科涅的首次祭祀有关，那是标志着神明与人类最初分离的时刻。赫西俄德告诉我们，这一切都发生在"诸神和凡人在墨科涅谈判的时候"。根据卡利马科斯（Callimachus）等人的说法，在和巨人族（the Giants）的战争结束之际，众神在墨科涅确立了各自的荣誉，并划分了彼此的特权。那里既是俗世的场域又是众神的居所，它代表着人神可以同桌宴饮、共飨佳肴的和睦共处之地。墨科涅也是西锡安（Sicyon）的古称，在西锡安和科林斯（Corinth）之间有一片极为富饶的平原，那里土地肥沃，尽人皆知——你只要拥有西锡安和科林斯之间的土地，就会变得富有！因此，除了唤起神人共处的记忆之外，墨科涅还唤起了物产丰富的意象，一个黄金时代般的无须劳作、富足丰饶的世界。赫西俄德告诉我们，正是在这个诸神与人类谈判的墨科涅，普罗米修斯宰杀了一头大公牛，并将其分割，企图蒙骗宙斯。他准备了并不等量的两份祭品：

> 他用牛皮包裹了牛肉和肥硕的内脏，
> 再罩上牛的瘤胃，然后在宙斯面前摆放。
> 而在其他人面前，他摆了一堆白骨，
> 巧妙堆放之后，蒙上一层发亮的脂肪。
>
> （《神谱》，538—541）

当宙斯选择了那堆蒙着欺骗性发亮脂肪的骨头时,这个神话便为祭祀制度所带来的重大悖论提供了一种 *aition*［**解释**］。如果在献祭时杀戮和烹煮动物,是为了给神明准备祭品,目的是向他们表达敬意,并促发神明的青睐,那为什么人类要把最好的部分留给自己呢?普罗米修斯的神话,为这一难题提供了一个令人满意的文化解答,这一点很重要,因为希腊人只吃祭祀时宰杀的动物肉。

普罗米修斯在墨科涅的祭祀行为,标志着众神与人类的最初分离,而希腊城邦内实行的祭祀活动,则将这一划分原则扩展到加强人类群体内部的社会和政治关系。所有军事和政治上的大事件——缔结条约、公民集会开幕、政府官员任职——都需要举行祭祀,而向城邦居民分配祭品的份额,则反映和展现了政治意义上的参与和权力。因此,血祭(blood sacrifice)在希腊宗教和政治思想中扮演着核心角色。由于普罗米修斯的缘故,人类与神明之间的交流凭借着一个宗教和政治制度便得以实现,而它的起源故事则阐明了他们之间不可逾越的距离。

劳作

尽管《神谱》是一部关于各种起源的诗歌,但它本身并未真正涉及人类的创造。普罗米修斯在诗中的种种行动,没有促成人类的诞生；相反，通过与众神永恒幸福状态的对照，这些行动反而界定了凡人境况的性质和相关约束。在《劳作与时日》中，赫西俄德将普罗米修斯的故事与人类的五代种族神话对应起来——一个关于人类经验渐渐衰退的神话故事，从像神明那般生活的黄金时代，衰退到今日挑战重重的"人没有一天不遇到麻烦"的黑铁时代（Iron Age）。在这种情况下，普罗米修斯的诡计产生了一个解释，即为什么在墨科涅事件之后，人类必须总是为获得食物而不断劳作。

根据赫西俄德的说法，普罗米修斯试图用墨科涅的祭品分配蒙骗宙斯，引发了一连串的事件，从而不可避免地导致了人类终生的辛劳和麻烦。在《劳作与时日》中，赫西俄德讲述普罗米修斯的故事，既不是为了说明宙斯的权威或智慧，也不是为了解释祭祀的起源，而是为了陈述人类必须劳动这一不可回避的现实——而这一切都要归于普罗米修斯：

你知道，神明从不让人知晓
凡人谋生的机巧。不然的话，
你可能劳作一天便有足够的积攒，
以至一整年都无须再为生计辛劳。
你可以把犁头悬挂于烟囱边，

而你的公牛和耐劳的骡子们

耕好的农地,很快变为荒田。

但宙斯发泄自己的怒气,藏起了

凡人谋生的机巧,只因狡猾的普罗米修斯

蒙骗他。因此,宙斯让人类的生活艰难。

(《劳作与时日》,42—49)

当普罗米修斯为人类盗回火种,宙斯随后便送来了潘多拉,作为人类"获取火种的沉重代价,令他们欣然拥抱的一个祸害"。赫西俄德向他的兄弟佩尔塞斯解释说,在此之前,人类生活在一个没有辛劳、没有疾病的世界,而现在,由于潘多拉和她的邪恶之瓶的到来,这个世界变成了一个令凡人生活艰难的处所:

要知道,在此之前,人类原本生活在

没有麻烦、没有辛劳的大地上面,

没有疾病、没有命运女神带给人类的苦难

(要知道,人在不幸中衰老得很快)。

但这个女人用手揭开了大瓶的盖子

将所有的不幸和悲苦散布在人类中间。

(《劳作与时日》,90—95)

这一次，故事从宙斯的愤怒开始，因为普罗米修斯在首次祭祀中企图蒙骗他，并讲述了那次诡计所引发的相互关联的两大后果：劳作和女人。在此之前，大地将自己的产品免费赠予人类，但现在，宙斯除了扣留火种外，还把人类的**生活资料**(*bios*)藏了起来。换句话说，现在人类必须在土地上劳作——耕耘、播种、收割——才能得到土地的果实或粮食。所以，这里强调的是人类的农业制度，而不是祭祀活动。作为一部歌颂劳作的诗歌，《劳作与时日》以艰辛的体力劳动来定义古希腊的凡人生存，特别是在无忧无虑的众神存在的映照之下。由此而言，普罗米修斯系列行动的故事，和五代种族神话一起，阐述了一个基本事实的起源——人类必须为生计而劳作，但神明却不需要。

赫西俄德的两部诗歌，先是利用普罗米修斯神话来叙述人类与诸神的分离，然后考察它所引发的后果。《神谱》突出了首次祭祀事件是这场分离的推动力，而《劳作与时日》则阐述了随之而来的劳作尤其是农业劳作的出现和必要性。在后黄金时代的世界里，人类必须劳作才能从大地获得粮食和果实。同时，在这一场景的另一端，普罗米修斯则在巡视着人类与野兽的界限。人类驯养动物来耕作土地，并将它们杀死以献祭神明，而普罗米修斯神话中出现的祭祀和农业活动，成为划清人与动物界限的两种制度。因此，普罗米修斯的故事，在无忧无虑的神明与驮运的牲口或被献祭的动物之间,为人类划出了一个空间。赫西俄德笔下的普罗米修斯,不仅以这些关键的社会制度来描述人类的处境,该神话中的两个具体元素——火和潘多拉——也强调了这种人类经验的不确定性和模糊性,因为它是建立在欺骗和诡计之上,而且位于神明与野兽之间的一个问题重重的中间位置。

潘多拉

依据这个神话的逻辑,潘多拉这个形象的作用,是强调那些界定人类境况的制度之间的相互联系。例如,在《劳作与时日》中,普罗米修斯故事的最后部分讲述了潘多拉的创造,它让人回想起《神谱》开篇描述的首次献祭时的祭品分配。像普罗米修斯献给宙斯的那部分祭品一样,潘多拉外表美丽,然而她的美丽外表之下隐藏着卑劣和欺骗的内心。同时,潘多拉在神话中的角色也与普罗米修斯之火相对应。她是作为人类获得火种的代价而被创造出来的,和火一样,她也总是出于饥饿状态,总是需要被喂养,而她的偷窃天性又呼应着导致她被创造的最初的盗火行为。这个神话也以饥饿为主题确立了潘多拉与农业之间的关联。除了需要被喂养之外,女人的肚子和大地一样,也能产生生命——人类和谷物的种子,都必须藏在其中才能收获繁荣。

在赫西俄德讲述的普罗米修斯神话中,潘多拉的欺骗性和双重性,象征着人类生存的根本模糊性。作为玩弄花招和欺瞒众神而招来的产物,潘多拉汇集了人类的所有矛盾与模糊特征。她凭借外在的美貌和魅力,参与了众神的世界,但由于内在的卑劣,她属于野兽的世界。她既是人类的一部分,又是女性这个独立族类的祖先。她带来了希望,这种希望和纷争一样,既意味着一种积极,也意味着一种消极:它可以鼓励一个人努力劳作,把自己的粮罐装满五谷,以期待一个富足的未来;但它也可以哄骗一个游手好闲的人,让他对安逸的生活产生不切实际的期许。无论是神明还是野兽,他们都不需要希望,只有对未来充满好奇且知识有限的人类才需要希望。

此外,赫西俄德对普罗米修斯神话的处理,清晰地表明了性别问题处于古希腊人类境况的核心。赫西俄德关于普罗米修斯和潘多拉的故事,流露出根深蒂固的厌女倾向,这是人们无法忽视的一点,而我们可以把潘多拉的故事置于一个更广泛的跨文化传统之中,这个传统把女性塑造为次于男性的角色,并把她的创造与人类经验的消极方面关联起来:死亡、疾病、劳作。比如潘多拉的创造与《创世纪》(*Genesis*)里亚当和夏娃的传统有明显的相似之处。夏娃受蛇劝诱而吃下的那枚禁果,被赋予了善恶知识。它既带来了使文明成为可能的启蒙,又切断了人类与自然的联系,在这方面,它相当于普罗米修斯之火。

不过,即使从这一更广泛的传统来看,赫西俄德故事中的厌女症也尤为严重。毕竟,潘多拉并非作为人类的伴侣被创造出来,像夏娃之于亚当(《创世记》,2.21),而是作为一种惩罚出现。而在那之后,男人和女人之间也没有取得任何和解;相反,赫西俄德勾勒出了一个鲜明的劳动不对称景象——男人劳作不止,而女人无所事事。赫西俄德并没有计入女人以其他形式为家庭作出的贡献——生育、编织或其他常常由女人来做的劳动。在这些方面,他强调了女性性行为的危险,极力压制所有与生育力有关的积极联系。他颠覆了潘多拉名字的传统词源——通常,这个名字会和"万物给予者(giver of all)"大地母亲(Mother Earth)的慷慨联系在一起——而使她成为众神礼物的被动接受者。赫西俄德笔下的潘多拉,是一个索取者,而不是一个给予者。

同样重要的是,潘多拉带来了一个邪恶的瓶罐(jar)——不是一个盒子。人们所熟悉的用语"潘多拉之盒(Pandora's box)",可以追溯到文艺复兴时期的学者,鹿特丹的伊拉斯谟(Erasmus of Rotterdam,1508)。他很可能混淆了潘多拉的**大储物罐**[*pithos*]与普绪克(Psyche)打开的那个更精致的**盒**

子［*pyxis*］，后者出现于阿普列尤斯（Apuleius）《金驴记》（*Golden Ass*）的丘比特（Cupid）和普绪克的故事。留意到这一区别很重要，并不是为了卖弄神话学问，而是因为这个大储物罐是那种通常用来储存粮食或橄榄油的瓶罐，由此，它将我们带回到农业主题以及后普罗米修斯时代的人类需求，他们必须在收获间期储存食物；大地再也不会一年四季为人类免费提供食物了。其次，我们在希波克拉底语录（Hippocratic corpus）和其他医学著作中发现，文中援引的作为女性子宫形象的那类瓶罐，便是潘多拉的 *pithos*［**瓶罐**］。女人的身体往往被描述为各类容器，因此，潘多拉之罐给人类带来了能否拥有足够食物和资源的焦虑，同时也带来了对女性性行为的关切，以及在资源匮乏的时代里子女的适当数目和价值衡量。

虽然，赫西俄德在普罗米修斯和潘多拉神话传统里的厌女症倾向，在一定程度上可以用当时的历史、经济和社会的局限来解释，但这些神话一旦嵌入有影响力的重要文学文本，便会不断地被人讲述和重述，并为那些人的观点提供了一种永恒的权威依据。由此，我们可以看出，神话和神话创造，在性别建构中所发挥的作用是多么强大——赫西俄德关于女人的创造故事，将女人视作对人类的诅咒、惩罚以及不幸和无尽劳作的祸首，这不仅仅合理化了赫西俄德世界的性别不平等，它还在更广泛文化背景下，把男女性别的社会建构，进行了巴特意义上的"自然化"处理（Barthes，1972：142）。

由于普罗米修斯的介入，男人不仅不能再与众神同食，而且还必须与女人同居。赫西俄德介绍说，普罗米修斯盗取火种既是献祭制度的后果，也是创造女人的催化剂。宙斯下令创造女人，是作为人类"获取火种的代价"。在其他神的帮助下，工匠神赫菲斯托斯奉命用一些泥土塑造出人的模样，看上去"像一个含羞的处女"。她被"设计得很精妙，是一个迷人的奇迹"，而赫西俄德解释说，她是"纯粹的欺骗，是男人不可抗拒的诱惑"。从她身上首先产生"一个致命的族类以及女性群体"，其次是有问题的婚姻制度，"另一个不幸 / 抵消了好处"。赫西俄德接着解释说，不婚男人活到晚年，没有儿子供养，死后也无人继承他的遗产，而已婚男人即使娶了一个好妻子，他的生活也是"在善与恶之间不断挣扎"。于是，和女人一起的生活，充其量是个混合命题。在这一点上，潘多拉之罐也让人想起了《伊利亚特》中宙斯的善恶双罐——作为一个凡人，最多只能希望过上善恶混杂的生活。

希望

在《劳作与时日》中，潘多拉不仅拥有了自己的名字，而且她还将普罗米修斯反应迟钝的兄弟厄庇米修斯引入到故事当中——是他接受了宙斯馈赠的礼物——而她带来了一个装满世上所有烦恼和疾病的瓶罐。就此而言,《劳作与时日》为普罗米修斯的故事引入了一个新元素——人类对未来的问题重重的片面认知。普罗米修斯名字的重要含义——它的词源是"先见之明(forethought)"——在这个版本的故事里得到了强调,这要归功于他的兄弟厄庇米修斯的出现,其名字是"后知后觉(afterthought)"的意思,而他的行动也应验了该词源的含义。普罗米修斯曾警告他的兄弟不要接受宙斯的任何礼物,(正确地)担心宙斯对凡人的报复行动,但厄庇米修斯并未记起这个警告,直到他接受了潘多拉的礼物,却为时已晚。当然,她带来的是一个装满麻烦和希望的瓶罐:

> 但这女人用手揭开了大瓶的盖子
> 将所有的不幸和悲苦散布在人类中间。
> 唯有希望仍然滞留在牢不可破的瓶腹,
> 它被挡在了瓶颈之处,未能及时飞出:
> 那女人抢先了一步,将瓶口牢牢盖住。
>
> (《劳作与时日》,94—98)

43

似乎，希望是和当下所有折磨人类的难以言述的不幸一起被装进了潘多拉的瓶罐。《神谱》借助普罗米修斯的机智来强调宙斯至高无上的知识和智慧，而《劳作与时日》则将普罗米修斯神话引到了另一个方向。无论是他名字的词源释义——先见之明——还是在普罗米修斯的故事里引入"希望"，它们都强调了人类对未来的不完全认知这一主题——人类境况的另一特点。神明知道并拥有一切，而人类却不是；人类只有借助希望或期望来指导自己对未来的选择。

此外，相较于我们现代的乐观概念，希望在古代世界是一个风险未卜的命题，我们很难明确应该如何理解这段话。当潘多拉把希望困在瓶罐内时，是否意味着希望是留给人类的全部，是应对人类生存困难和考验的某种机制？或者说，希望是凡人不可企及的事物——它的缺失只是悲观阴郁的世界观的一个侧面？赫西俄德神话的逻辑，模棱两可，暧昧不清：希望是一种恶，源于它是和潘多拉之罐的所有其他不幸装在了一起，而它也是一种善，因为唯有它没有被释放出瓶外。那么，和潘多拉一样，希望至多是一种善恶参半的祝愿。其他的希腊诗人也证实了希望的双重属性。西蒙尼德斯（Semonides）和索伦（Solon）都强调了希望的欺骗性，认为它使人回避真实世界的残酷真相，而泰奥格尼斯（Theognis）则提出了一种更为乐观的解读："希望是唯一留给人类的善神；其他的神都抛弃了人类，去往了奥林波斯圣山。"（1135—1136）希望可以扰乱人类的生产活动，也可以积极地指向人类对未来的期望，赫西俄德的神话版本，将这两种态度都保留在故事之中。至少，赫西俄德此处叙事中的这一矛盾形象，提出了关于希望的本质以及它存在于人类生活的有趣问题。

那么，我们从对赫西俄德的普罗米修斯神话的解读中，得出了关于古希腊人类境况的性质和现状的评述——这是一种实然，而非一种应然。由于普罗米修斯的种种行为，生活在地球上的人类有了无数的烦恼；他们吃的是自己劳作所得的五谷粮食以及用火煮过的熟肉；他们和女人生活在一起，只能通过祭祀来和神明交流。虽然，赫西俄德的普罗米修斯并没有用泥土真正创造人类，但他直接造成了古希腊人类境况中不可分割的三个层面——祭祀、婚姻和农业。

小结

在赫西俄德的古代世界中，普罗米修斯是一个诡计多端的人物，是人类的代言人。他为人类所作的努力，促成了人类与诸神的最初分离，以及随之而来的界定人类生存境况的种种困难和挑战。赫西俄德的普罗米修斯故事，将凡人定位在一个介于神界和兽界之间的世界，这个世界由祭祀、农业、婚姻和对未来的不完全认知所定义——该神话的所有这些逻辑关系，都和普罗米修斯的盗火以及潘多拉的创造故事有关。此外，赫西俄德在普罗米修斯神话中，赋予潘多拉和她的邪恶之瓶以突出的地位，这表明性和两性关系在思考当时人类境况的本质中，发挥着重要作用。将赫西俄德的普罗米修斯置于诡计故事的跨文化语境中阅读，我们可以认识到，他的神话是如何帮助人们探究古希腊文化的内在运作机制的。他的故事核心的模糊性，在此阐明了凡人与神明、人类与动物、男性与女性、文化与自然等文化范畴之间的必然联系。此外，普罗米修斯的诡计师身份——为凡人盗取火种并因此受到惩罚的神——有助于产生一种令人信服的人类经验的叙事，正像古希腊的真实境况那样：一个生活在资源匮乏时代的父权制农业社会。

然而，后世的传统甚至包括希腊的传统，都把普罗米修斯赠予人类的火种礼物定性为人类进步的启动时刻，而赫西俄德则侧重于故事的另一端，将这个神话解读为黄金时代的陨落。赫西俄德笔下普罗米修斯的种种行为，发明祭祀制度和随后的盗取火种，标志着人类与神明第一次决裂的时刻，从此以后，人类的生存便变成了一场艰难挣扎。

二、雅典的普罗米修斯崇拜

尽管普罗米修斯在赫西俄德和其他作家的作品中地位突出，但他在古风及古典时期的希腊人的宗教生活中，似乎扮演了一个次要的角色——第二代智术派作家萨莫萨塔的琉善（Lucian of Samosata，约公元120—180年）在一篇题为"普罗米修斯（Prometheus）"的作品中讽刺了这一现象。这篇作品戏仿了埃斯库罗斯的《被缚的普罗米修斯》的开场场景，对话设置在高加索地区，赫耳墨斯和赫菲斯托斯正在那里准备将普罗米修斯钉在高山之上。这段对话以一场审判的形式展开，赫耳墨斯和赫菲斯托斯向这位凡人创造者和盗火神提出指控，而普罗米修斯被留下来为自己辩护。他指出，其他神灵并未因他的行为而遭受任何苦难，反而从中受益匪浅。正是由于普罗米修斯赠予人类的礼物，大地得以被城市和耕地装点，海面畅行，到处都有祭坛、祭祀、神庙和节日庆典。他总结道，事实上，"宙斯、阿波罗、赫拉和你赫耳墨斯的神庙，处处可见，却找不到属于我普罗米修斯的一座"（Lucian, *Prometheus*, 14）。

虽然，正如琉善文中的对话所表明的那样，普罗米修斯可能在其他城市被忽视了，但在雅典，情况却大不一样。雅典城为普罗米修斯举办庆典，并在神话和仪式中将他与雅典娜和赫菲斯托斯联系在一起。在本章中，我们将讨论雅典的普罗米修斯崇拜，重点介绍他与火的有益性及破坏性方面的所有关联。

雅典人在雅典学园（the Academy）中为普罗米修斯设立了一座祭坛，这里成为雅典公民日历（civic calendar）中重要游行和庆典活动的出发之处。例如泛雅典娜节（the Panathenaic），这个也许是雅典最重要的公共庆典节日，其中包括了一场火炬竞赛（torch race），将火炬从位于城外的普罗米修斯祭坛传递至市中心，来点燃标志着庆典结束的祭祀之火。本章将概述作为火和技术使者的普罗米修斯在雅典人的宗教和公民生活中的主要形象。雅典之普罗米修斯崇拜的本质是什么？如何观察这一本质？关于普罗米修斯，它可以告诉我们什么？关于雅典呢？

我们在上一章看到，古代诗人赫西俄德是如何讲述普罗米修斯蒙骗宙斯的故事，他在人们熟悉的诡计师故事模式中，刻画了他的盗火事件。在这个故事中，普罗米修斯扮演了诡计多端的人物，他在人类文化的边界上采取行动，并以某些关键制度（祭祀、农业、婚姻）来定义古希腊的人类经验。在所有的人类发明中,制造和控制火的能力——鲁德亚德·吉卜林(Rudyard Kipling)称之为"人类的红色之花"——无疑最为重要。本章将重点讨论,普罗米修斯的火种礼物如何奠定了他在雅典受到尊崇及赞颂的根基。当其他城市和其他传统将火的起源与其他不同的人物联系在一起时——阿开奥斯人(Argives)将火的发现归功于他们的古代国王甫洛纽斯(Phoroneus)(Pausanias. 2.19.5),而《荷马颂诗:致赫耳墨斯》(*Homeric Hymn to Hermes*)则将功劳归于赫耳墨斯,说他摩擦干枯的木棒而产生了火花——但在雅典,是普罗米修斯给凡人带来了火种,而正是他和火的关联,为我们所知的普罗米修斯庆典仪式的大部分内容提供了解释。

希腊文化中的火

火是文明生活的基础——它为人类提供了取暖、照明以及免受猛兽与风雨侵袭的技术——但它也可以是带来彻底毁灭的源头。即使是最坚固、技术最先进的人造建筑,也会在火的力量下化为烟雾和灰烬。正如泰奥弗拉斯托斯(Theophrastus)在他的《火论》(*De igne*)中解释的那样,"在所有简单物质中,火拥有最为特殊的力量"。因此,火几乎在希腊人的每一个宗教行为中都扮演着重要的角色——它燃起了神坛上的火焰，它点燃了人类葬礼上的火堆，它还是照亮许多夜间庆典和神秘崇拜的火炬。一个宗教圣地的核心是它的祭坛，那生生不息的火焰，为神的永恒存在提供了切实的证明。同时，火的潜在破坏力也时刻提醒着神意的反复无常。在家宅中心燃烧的火，也体现着人类领域的生命延续。赫斯提亚（Hestia）是家宅的女灶神，象征着家庭在跨越世代和地域界限方面的同一性和连续性。一支燃烧的火炬，陪伴着年轻新娘而来，她从父亲的炉灶中带来了火种，去点燃她新婚丈夫的炉灶。与此类似但规模更大的点火仪式是，那些踏上殖民远征之路的移居者携带着来自母城市政中心的火焰，最终去点燃新殖民属地的第一把火。接续的火焰，为两个家庭或两座城市提供了象征性关联，除非在危急时期，家庭以及神龛的火焰，都不允许熄灭。

然而，在某些重要时刻，故意熄灭和重新点燃火种象征着净化和新的开始。在阿尔戈斯（Argos），当某位家庭成员去世时，炉火便被扑灭，然后重新点燃。在利姆诺斯岛（Lemnos）每年的某个时候，岛上所有的火都会熄灭九天，直到一艘圣船从提洛岛（Delos）带回新的火种。普鲁塔克（Plutarch）告诉我们，希腊人在普拉提亚（Plataea）战役之后熄灭了全境的火种，以便用德尔斐（Delphi）的圣火重新点燃。希腊指挥官们四处行动，强迫所有正在用火的人将火熄灭。与此同时，从普拉提亚派遣了一位名叫尤奇达斯（Euchidas）的男子，让他以最快的速度跑到德尔斐，带回新的净化之火。当他从德尔斐的祭坛上取到火种，便立刻奔向普拉提亚，并赶在太阳落山之前回到了那里，仅在一天之内便完成了整个往返。他向自己的同胞打了个招呼，把火炬交给他们，便当场倒地身亡（《阿里斯提德传》[Aristides，20][1]）。这个故事强调了火的仪式性意义，它象征着一个城市在危急时刻的存续。有学者认为，这种习俗也给我们提供了一个解释火炬竞赛的背景框架——作为一种仪式重演，在某些危急时刻，人们需要重新点燃一个城市的圣火。

前苏格拉底哲学家赫拉克利特（Heraclitus）认为，"万物可与火等价交换，火也可与万物等价交换，像货物交换黄金、黄金交换货物一样"（DK22B90）。这种将火视为终极交换机制的观念，特别指明了诸神与人类之间的互惠关系。尽管火在希腊人的宗教实践中扮演着关键角色，但火本身从未像它在其他传统中那样，成为一位神明或祭拜活动的主要焦点。相反，正如我们从赫西俄德对普罗米修斯神话的处理中所看到的那样，火的功能在于它是沟通神界和人界的关键媒介。由于普罗

---

[1] 普鲁塔克的《希腊罗马名人传》，又称《平行传记》，现存五十篇，《阿里斯提德传》（Aristides）是其中的一篇。——译注

米修斯引发的墨科涅事件,火通过祭祀将人类的礼物转奉神明,而这盗自宙斯的火,也同样为人类烹煮食物。换句话说,像普罗米修斯本人一样,涉及火的仪式,特别是祭祀仪式,实现了神与人之间的双向交流,即使这些仪式强化了彼此分离的两个世界。

希腊神话告诉我们,火——神明存在的强大象征,保护和毁灭的力量源泉,人类和神明联络及交流的媒介——在总体上,意味着普罗米修斯带给人类的一切。现在,让我们更仔细地看看火的属性、背景和用途,而雅典人声称,是普罗米修斯将它直接带入到公元前 5 世纪的雅典城内。

雅典神话中的普罗米修斯

首先,很重要的一点是,我们要留意普罗米修斯在雅典受到尊崇的方式,他是凭借与雅典城邦守护神雅典娜的神话关联而被人颂扬的。正如我们在上一章所了解的那样,普罗米修斯以他的**智巧**(*metis*)而闻名,雅典娜也以同样的狡黠智慧而受到尊崇。这是两位神之间的一种根本性关联。普罗米修斯(Prometheus)的名字本身便包含着 *metis* [**智巧**] 这个词根,而雅典娜则是在宙斯吞下女神墨提斯之后,从他的头颅中诞生——这个故事出现在赫西俄德的《神谱》里,并由菲迪亚斯(Pheidias)刻于帕特农神庙(Parthenon)东墙的大理石山墙之上。这种关联在欧里庇得斯的一部戏剧中有更加明确的体现,剧中用斧头协助雅典娜诞生的是普罗米修斯,而不是赫菲斯托斯(欧里庇得斯,《伊翁》[*Ion*],行455)。同样,雅典关于埃里克托尼奥斯(Erichthonius)诞生神话的一个变体版本声称,是普罗米修斯(而非赫菲斯托斯)对雅典娜产生了强烈的欲望而将精液喷洒在地上,从中诞生了埃里克托尼奥斯。由此,普罗米修斯得以与最具创造性的一则雅典公民身份的神话联系起来(Duris, *FGH*, 76 F.47①)。因为埃里克托尼奥斯的诞生故事是雅典神话时代(mythopoetic)的一个杰出范例——它将雅典对雅典娜的忠诚与新近的本土身份融合在一起,而普罗米修斯作为这一努力的创造性力量也被纳入其中,使之更有重要意义。聪明和智慧是雅典人喜欢赋予自身的品质,而普罗米修斯在重要雅典神话中的出现,有助于进一步详细阐明这种自我

---

① 萨摩斯的杜里斯(Duris of Samos),古希腊历史学家与评论家,约前350/340—前270,著有《萨摩斯编年》,*FGH* 是指《希腊历史学家残篇集成》(*Die Fragmente der griechischen Historiker*),由德国古典学家和文献学家费利克斯·雅各比(Felix Jacoby, 1876—1959)将856名古希腊史学家的著作残篇按年代顺序集成,并增加了广泛的评注,也常常缩写为 *FGrHist* 或 *FGrH*。——译注

呈现（self-representation）。

这些神话变体版本，不仅强调了普罗米修斯与雅典娜的关联，颂扬了这两位神明共同的聪明才智，还表明普罗米修斯在雅典的神话形象及崇拜，与另一位与火和技术有关的奥林波斯神赫菲斯托斯，有很大程度上的重叠。两位神都与火、金属制作和手工艺有关，都因参与人类的创造而受到尊崇。根据琉善的说法，普罗米修斯在雅典以陶工的身份受到崇拜，与雅典娜同为工匠之神。其他传统则认为，普罗米修斯是用泥土创造了人类，像赫西俄德《劳作与时日》中的赫菲斯托斯创造潘多拉那样。还有一个传统再次将雅典娜与普罗米修斯联系起来，根据它的说法，当普罗米修斯用泥土创造人类时，是雅典娜帮助他获得了激活人类思想的火种。她爬上奥林波斯山的高处，从赫利奥斯（Helios）的战车车轮上点燃了火炬（塞维乌斯［Servius］在维吉尔［Vergil］的《牧歌》［*Eclogues*］第6卷第42行的评论）。

普罗米修斯崇拜

雅典娜、赫菲斯托斯和普罗米修斯通过相关神话以及崇拜活动齐聚于雅典。这三位神明拥有各自的庆典节日，其中都包含了火炬竞赛。据说,赫菲斯托斯和普罗米修斯在雅典学园的雅典娜辖区内,共用一个祭坛。雅典学园最初是一片神圣的树林,曾是柏拉图哲学学园的所在地,这可能是它最为知名的一个身份。在古典时期,雅典学园则主要是一个体育健身场所。据说,它的名字来源于英雄阿卡德谟斯(Academus)或赫卡德谟斯(Hecademus),位于雅典城外的西北方向。从迪塔隆城门(Dipylon Gate)延伸而出的一条宽阔大街通向这里,道路的两旁是墓地,学园就坐落在距离雅典城墙约 2.5 千米的地方(图 3)。虽然通向雅典学园树林的引水沟渠已被发掘出来,但学园本身藏于现代雅典城之下,人们对它的建筑情况所知不多。我们对它的些微了解都来自后世的资料。例如,公元 2 世纪的希腊旅行作家保萨尼亚斯(Pausanias)为我们提供了这块地区的大致轮廓。公元 10 世纪的词典《苏达辞书》(*the Suda*)告诉我们,在公元前 6 世纪,雅典僭主希庇阿斯(Hippias)的弟弟希帕克斯(Hipparchus)用大笔公共款项在那里修建了一堵围墙。而希腊哲学家和古文物专家普鲁塔克(50—120)则解释说,西蒙(Simon)率先将这个干燥多尘的地方改造成了一个水源丰富、拥有林荫步道的小树林,以此作为他重建公共建筑大项目的一部分(*Simon*, 13)。

雅典学园的主要辖区归属于雅典娜。一位索福克勒斯(So-

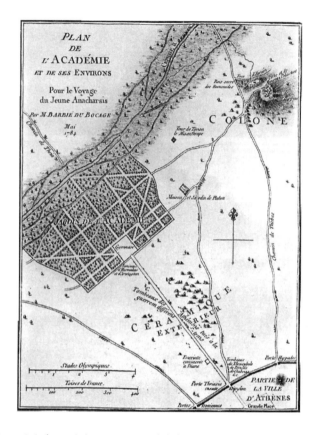

图3：雅典学园，出自巴比耶·杜·博卡奇先生绘制的《古希腊地图集》，1790年。来源：约翰·特拉夫洛斯的摄影图片，出自《古雅典图画词典》，纽约：普雷格出版社，第45页（The Academy. Restored plan by M. Barbié du Bocage, *Recueil de cartes géographiques de l'ancienne Grèce*, 1790.Source: Photo from John Travlos, The Pictorial Dictionary of Ancient Athens, New York: Praeger.45） phocles)的悲剧《俄狄浦斯在科洛诺斯》(*Oedipus at Colonus*)的古代评论家告诉我们,雅典学园有一栋古老的建筑,里面有一个祭坛,普罗米修斯、赫菲斯托斯和雅典娜在此受到共同的尊崇奉拜。在这座建筑的入口附近有一个基座,上面有普罗米修斯和赫菲斯托斯的浮雕。其中,普罗米修斯被刻画为一个右手拿着权杖的老人,而赫菲斯托斯则是一个占据次要位置的青年形象。该祭坛捕捉到这两位火神之间的重要关系,确立了普罗米修斯是两位神明中更为年长且地位更高的形象。

也许最重要的是,普罗米修斯、雅典娜和赫菲斯托斯,借助一个共同的仪式活动,都与雅典产生了关联。这三位神明都与火以及它带来的技术有关,关于火之于人类文化的意义的认识构成了他们在雅典受到崇拜的基础。在《俄狄浦斯在科洛诺斯》中,索福克勒斯给普罗米修斯冠以**"火的使者"**(*Purporos*)的绰号;在《腓尼基妇女》(*Phoenician Women*,行1121—1122)中,欧里庇得斯则用这个形容词 *Purporos* 描述卡帕纽斯(Capaneus)火炬上所刻画的普罗米修斯形象。形容词 *purphoros*[**火红**]通常描述宙斯的雷电,当应用于人类领域时,它通常暗指得墨忒耳(Demeter)、佩耳塞福涅(Persephone)或他们在厄琉西斯秘仪(the Mystries of Eleusis)信徒所携带的火炬。由此,*Purphoros* 一词将普罗米修斯描述为雅典人所熟悉的"火的使者（Fire-bearer）"，是教会人类用火的三位神明之一，在火炬节上受到尊崇，在雅典学园被人崇拜。

火炬接力赛

通常对希腊人而言，**火炬接力赛**（*lampas*）最初是为庆祝普罗米修斯赠予人类的火种礼物而举办——既为了阐明火的文明性元素，也为了纪念普罗米修斯第一次把火从天上带给地上人类时的那段历程。当然，在雅典，火炬接力赛与普罗米修斯及其同胞火神们的崇拜密切相关。正如我们在赫西俄德诗歌里所了解的那样，在早期的神话和传说中，普罗米修斯以一支茴香秆为凡人盗取火种而为人所知。但直到公元前5世纪，他才与火炬联系在一起，而他那次著名的偷盗奠定了雅典火炬竞赛的神话原型。

以下是保萨尼亚斯对火炬竞赛及其比赛过程的描述：

在雅典学园，有一个普罗米修斯的祭坛，选手们手持燃烧的火炬，从这里的祭坛出发，然后跑向城区。比赛要求选手奔跑的同时要确保火炬在燃烧。如果第一名选手的火炬熄灭了，他便丧失了取得胜利的资格，而由第二名选手来接替他的位置；

但如果第二名选手也让火炬熄灭在自己的手中,那第三名选手便是冠军,如果参赛选手们的火炬都熄灭了,那便没有人获得胜利。

(保萨尼亚斯,1.30.2)

普罗米修斯亚节(Prometheia)火炬竞赛的路线很可能是从雅典学园的普罗米修斯祭坛开始,穿过克拉墨科斯(Kerameikos)区来到迪塔隆城门,也就是保萨尼亚斯所说的"跑向城区",行程大约四分之三英里。有学者认为,普罗米修斯亚节火炬竞赛的终点是在城门口处,而不是在城门之内,这象征着火在人类世界的初次降临。而向其他神明致敬的节日庆典,则是为了庆祝火的种种用途。另一种观点认为,普罗米修斯亚节火炬竞赛是为了接续城邦会堂(Prytaneum)的公共之火,之后会进行阿帕图里亚节(Apatouria)的氏族赞颂活动,届时点燃的火炬将从城邦会堂的公共炉灶出发,被带往各地的祭坛。而为纪念其他神明而举行的火炬接力赛,可能以普罗米修斯祭坛或附近的厄洛斯(Eros)祭坛为起点,然后再往城内进发,或者像泛雅典娜节(Panathenaea)上的比赛一样跑向雅典娜的祭坛。学者们认为,该火焰的用途是为了给标志庆典高潮的大型祭祀活动照明。

在《蛙》(*Frogs*)中，阿里斯托芬（Aristophanes）幽默地描述了泛雅典娜节的火炬竞赛。酒神狄奥尼索斯（Dionysus）亲赴冥界去寻找一位戏剧诗人，他在那里和已故诗人埃斯库罗斯进行了一番交谈，后者则感叹当下的雅典人缺乏训练、纪律涣散——没人受过足够的运动训练来完成火炬竞赛！对此，狄奥尼索斯回应道：

说得太对了！我在泛雅典娜节上差点笑死，当时，我看到一个落跑者，他面色苍白，脚下无力，弯腰驼背，大腹便便，远远落在人群的后面，举步维艰；到了迪塔隆城门处，陶区（The Potter's Field）的克拉墨科斯人狠狠地拍打他的肚子、两肋和屁股，最后，他挨了几巴掌，放了一个屁，吹灭火炬，逃之夭夭了！

(《蛙》, 1089—1098)

显然，居住在克拉墨科斯区的人有这样的风俗，他们会以这种方式对待落跑者，由此产生了一个谚语："克拉墨科斯的巴掌（the Kerameikan slap）。"

虽然保萨尼亚斯对火炬竞赛的记述是个人赛的形式，每位选手举着各自的火炬跑完全程，但其他记述表明，火炬竞赛是以接力选手组成的团队进行的。例如，希罗多德（Herodous,

8.98）将波斯的邮差传递比作希腊的火炬竞赛，他们以团队接力的形式在各站之间传递信息。又例如，埃斯库罗斯在克吕泰墨涅斯特拉（Clytamnestra）著名的烽火演讲中，将从特洛亚（Troy）到迈锡尼（Mycenae）的烽火信号的传递和火炬竞赛相比："这些就是我安排的火炬接力次序。它们一个接着一个地不断传递，出发者和最后完成者都获得胜利。"（《阿伽门农》[*Agamennon*]，312—314）。事实上，以接力的方式进行火炬竞赛，似乎是许多文化传统中所共有的一种活动。例如，詹姆斯·弗雷泽爵士（Sir James Frazer）在他的关于火的传统著作中说，新墨西哥州（New Mexico）的纳瓦霍人（Navaho）讲述了一个关于动物接力赛的故事，它们一个接一个地传递着火炬，最后交给了人类。最初，动物拥有火种而人类没有，有一只土狼决定为人类偷些火种。他抓起一些火红的余烬，带着它们跑了出去，引来了其他所有动物的追赶。当土狼跑累的时候，他把火传给了蝙蝠，蝙蝠又把火传给了松鼠，松鼠设法把火安全地带给了纳瓦霍人（Navaho）（Frazer，1930）。以接力的方式进行火炬竞赛，令选手们能够以更快的速度跑完更长的行程，其效率胜得过任何个人，不论他能跑多快，这可能反映了火炬竞赛的最初用途是重燃已经熄灭或被污染的火。

在公元前5世纪的雅典，由各部落组织的火炬接力赛，将该仪式与同时期雅典政治认同的形成及维护的主要机制关联起来。克里斯提尼（Cleisthenes）在公元前508年进行了政治改革，其中的一个关键部分是，他决定用十个以雅典本土英雄命名的新部落，来取代以前主导雅典政治生活的四个爱奥尼亚（Ionian）部落。这些部落以地理位置为基础进行划分，将雅典城不同地区的公民归入到同一个部落，而这些部落成为组织政治生活的主要手段——在陪审团中任职、担任政治职务，服兵役，等等。有一部归于亚里士多德名下的雅典宪法史告诉我们，首席执政官"巴西琉斯"（Archon Basileus）掌管所有由祖先制定的祭祀活动以及那些保证社会和谐运行的仪式行为，火炬竞赛由他负责，这些记述突显了这项竞赛活动的古老历史及宗教意义（*Ath. Pol.*, 57.1）[①]。同时，火炬竞赛的选手们是 *ephebeia*［**埃弗比**］的成员，这是一个政治机构，旨在组织雅典的年轻男子进入政治生活，这一细节以及根据部落划分进行的比赛，强调了火炬竞赛与雅典主要政治机构的许多关联。

以部落竞争的形式进行火炬竞赛，可以为雅典城邦提供一个维护部落群体身份的重要场合，这似乎就是画家尼基阿斯

---

① *Athenaion Politeia*（《雅典政制》，the Athenian Constitution），是一部关于158个雅典城邦的政制专著，共存有69章，其作者尚有很多争论，而在古代，它经常被认为出自亚里士多德之手。——译注

（Nikias）描绘在一个双耳喷口陶杯上的场景，该陶工在上面签上了他父亲的名字和自己所属部落的名称。这个双耳喷口陶杯中间场景的两侧，描绘了两名年轻的火炬手；在该场景的中心，胜利化身的女神尼刻（Nike）在为部落英雄安提阿库斯（Antiochus）戴上桂冠；在一个祭坛旁边，还站着一个戴着花环的老人，可能是普罗米修斯。该图像表明，尼基阿斯的部落，即安提阿库斯所属的部落，在普罗米修斯亚节火炬竞赛中取得了胜利，该双耳喷口陶杯正是为了庆祝这一事件而绘制的。泛雅典娜节上的火炬竞赛以及普罗米修斯亚节的火炬竞赛，也是其他花瓶装饰画的主题。

火炬接力赛是三位与火以及火所带来的技术有所关联的神明即普罗米修斯、赫菲斯托斯和雅典娜的崇拜活动所共有的一种仪式。每位神在雅典学园里都拥有一个神龛，火炬竞赛从那里出发，穿过克拉墨科斯区进入雅典城内。从普罗米修斯祭坛开始的火炬竞赛，也是赫菲斯托斯和雅典娜以及其他神明的庆典活动的一部分。它追溯了普罗米修斯和雅典宗教及其公民生活中其他主要神话人物之间，以及雅典学园与雅典地貌中其他重要场所之间的直接关联。作为这些神明的年度庆典活动的关键部分，火炬竞赛庆祝火的到来及火在将雅典变为繁荣文明之邦中所发挥的作用。

普罗米修斯、萨提尔,以及火

视觉及文本证据将普罗米修斯与萨提尔关联起来——那些半人半兽的生物,他们出现在瓶画以及雅典的舞台,经常和狄奥尼索斯以及他的女祭司或宁芙仙女们为伍——特别在和火炬竞赛有关的场合。萨提尔集人类的上半身和马的后半身于一体,以马蹄取代了人足,臀部长出一条马尾,头上竖着一对尖尖的耳朵。他们通常被描绘为永久勃起的性兴奋状态,其超大的生殖器更像是驴的器官而非人类所有。有时,萨提尔纯粹动物性的一面占据着上风,然而,他们极其怪异和颠覆性的行为往往与人类文化的核心层面显著相关——吃、喝、性——其身影出现在各类崇拜、赛事及其他宗教活动场景之中。萨提尔在人类和动物世界的边界活动,利用夸张的幽默来批判那些界定着人类领域的制度和仪式。在这方面,萨提尔与我们在上一章讨论的"诡计师"——"色欲无度、贪得无厌的恶作剧者"——有许多共同之处。因此,雅典人将他们加入普罗米修斯的神话,或如我们会看到的那样,令其成为普罗米修斯火种礼物的第一批接受者,这样的处理非常合理。弗朗索瓦·利萨拉格(François Lissarrague)表明,萨提尔的混合世界处在动物和人类的边界,它提供了一种文化审查机制,特别是对于人类文化问题的审查。作为雅典本土的恶作剧人物,萨提尔——无论是在视觉艺术中还是在戏剧舞台上——为普罗米修斯向雅典人赠送火种的意义阐释提供了一个颇有用处的独特视角。

瓶画

普罗米修斯握着茴香秆,身边围绕着手持火把的萨提尔,这是公元前5世纪下半叶一组阿提卡红绘花瓶上的常见场景。例如,在画家迪诺斯(Dinos)创作的阿提卡萼形双耳喷口陶瓶(calyx-krater,约公元前425—前420年)上,他将普罗米修斯和萨提尔与其他两个具有雅典特质的场景放在一起:忒修斯(Theseus)的英雄事迹和黎明女神厄俄斯(Eos)对刻法罗斯(Cephalus)的追逐。这些证实了我们的直观判断,即普罗米修斯以及他赠予凡人的火种礼物,对公元前5世纪的雅典人具有特别的意义(图4)。迪诺斯双耳喷口陶瓶上的普罗米修斯场景展现了四位男性人物形象,其中有一位长发的大胡子,他身穿系着腰带的衣服站在那里,衣摆垂到小腿位置。瓶上的五个字母表明,这个大胡子是普罗米修斯。他双手握着一根长长的物件,其杯形头部冒着火焰。三位萨提尔围绕在他的周围,分别是西科尼斯(Sikinnis)、科莫斯(Komos)和西莫斯(Simos)。

他们手持熊熊燃烧的用松树枝捆成的火把翩翩起舞。而普罗米修斯手中的长物有些不一样，J.D. 比兹利（J.D.Beazley）认为那是 narthex［大茴香］，即空心的茴香秆。赫西俄德和其他人告诉我们，普罗米修斯用茴香秆将火种从宙斯那里带给了凡人。如此看来，萨提尔们手拿的是普罗米修斯火种点燃的第一批火把，正在庆祝他带来的这份礼物。

图 4：普罗米修斯和萨提尔（下半部分），1937.983，迪诺斯画家的阿提卡萼形双耳喷口陶瓶，约公元前 425—前 420 年。来源：感谢牛津大学阿什莫林博物馆提供图片（Prometheus and the satyrs［lower band］1937.983. Dinos painter, Attic calyx-krater, c.425—420 BC.Source: Photo courtesy of Ashmolean Museum, Oxford）

耶鲁大学博物馆的一个红绘贝尔陶壶（bell krater，约公元前410年）展示了类似的场景，即普罗米修斯被挥舞火把的萨提尔围绕左右（图5）。然而，这一次，在这位普罗米修斯的画像中，他手持两个不同的长长物件——一只手握着大茴香秆，另一只手举着火把。学者们认为，这一细微变动代表着普罗米修斯第一次将火种交给人类的时刻，也许是在为火炬竞赛作准备。作为火的使者（Fire-bearer，即Purphoros），普罗米修斯把火带给了人类；作为燃火者（Fire-kindler，即Purkaeus），他点燃了自己手中的第一支火炬。从那时起，如该瓶画图像显示，人们从普罗米修斯的祭坛上点燃火炬，然后展开一场纪念他以及其他神明的火炬竞赛。借助花瓶上的这些场景，雅典人唤起

图5: 普罗米修斯和萨提尔，1913.129，红绘贝耳陶壶，约公元前430—前400年。来源：耶鲁大学艺术馆，来自丽贝卡·达灵顿·斯托达德的捐赠（Prometheus and satyrs 1913. I 29. Red-figure bell krater, c.430—400 BC. Source: Yale University Art Gallery. Gift of Rebecca Darlington Stoddard）

了萨提尔的文化意义,将普罗米修斯从宙斯那里盗得火种的事件与雅典的火炬竞赛习俗关联了起来。而在戏剧舞台上,萨提尔和火把也为雅典城提供了庆祝普罗米修斯赠礼的某种语境。

萨提尔剧

当雅典悲剧家创作并上演他们的悲剧作品,以此作为公元前5世纪酒神节的一部分时,他们还写过所谓的萨提尔剧,而惹是生非的萨提尔世界对普罗米修斯的故事而言,正是一个十分契合的场景。事实上,普罗米修斯盗火的神话——他对人神之王宙斯的反叛、在聪明才智方面的较量以及他拯救人类的行动——与我们所知的萨提尔剧的基本主题和元素完全吻合。从它们的剧名(《独眼巨人》[*Cyclops*]、《布西里斯》[*Busiris*]、《斯喀戎》[*Sciron*] 等)来看,许多萨提尔剧的主要话题是打败一个恶棍或怪物,它们往往是落在一个诡计多端的人物手中。此外,与普罗米修斯的神话和崇拜一样,许多萨提尔剧不仅围绕束缚和逃脱的主题,也讲述了体育比赛和竞赛的形成过程。萨提尔剧呈现的是取自神话世界的故事,其透过弗朗索瓦·利萨拉格所称的萨提尔世界的"欢乐屋之镜(fun-house mirror)"对这些故事进行重构和颠覆。情欲高涨、半人半马的萨提尔,以明目张胆、惹是生非的混乱制造者形象出现在舞台上,他们承担着颠覆悲剧世界内在凝聚力的戏剧效果。

我们有证据表明,埃斯库罗斯创作过一部名为《燃火者普罗米修斯》的萨提尔剧,该剧在公元前472年与《波斯人》(*Persians*)悲剧三部曲一起上演。虽然该剧未能保留下来,但其剧名表明,它可能是关于普罗米修斯盗火之后成功逃脱宙斯惩罚的故事,最终确立了火炬竞赛作为纪念普罗米修斯的庆典的一部分。虽然我们很想提出这样的主张,即我们前面讨论的瓶画场景,为埃斯库罗斯的普罗米修斯萨提尔剧提供了图解说明,但它们制作于公元前5世纪晚期的年代时段使这一观点难以成立。有一些学者认为,埃斯库罗斯的萨提尔剧在他过世的30年后重新登上了雅典舞台。但更有可能的是,在埃斯库罗斯死后,普罗米修斯和萨提尔之间的关联仍然颇为盛行,而后世的剧作家继续尝试探讨萨提尔和普罗米修斯以及其火种礼物的关联可能。

除了标题之外,只有一句话可以确定是出自《燃火者普罗米修斯》,这句话描述了如何用麻布和蜡"还有亚麻、沥青以及长长的生亚麻绑带"(*TrGF*①,Fr. 205)来制作可以持久燃烧的火把。然而,普鲁塔克保留的另一段话可能也出自这部萨提尔剧,他充分发挥了萨提尔的潜在幽默性,描述了他们初次

---
① *Tragicorum Graecorum Fragmenta*(《希腊悲剧残篇》)。——译注

和火接触的危险经历。他提到一个萨提尔在第一次看到火时试图亲吻它,但普罗米修斯警告他不要这样做,说"羊神啊,你会为你的(消失的)胡须伤心难过的"(*TrGF*, Fr. 207)。而另外一段保存在纸莎草纸碎片中的文字,则可能描述了萨提尔们对火的首次使用——向宁芙仙女(nymphs)求爱:"如果有那伊阿得斯(Naiad)呼叫我,她便被火光围绕。这些宁芙仙女翩翩起舞,庆贺着普罗米修斯的火种礼物,她们让我情有独钟。"(*TrGF*, Fr. 204b)接下来的诗句只有部分保存了下来,歌颂普罗米修斯是**生命的使者**(the bringer of life,即 *pheresbios*),他带着**礼物**(gifts,即 *speusidoros*)匆匆而至。这说明,萨提尔和宁芙仙女参与了凡人得到普罗米修斯的火种礼物之后举办的庆祝活动。

或许,我们可以这样认为,普罗米修斯将他的火炬以及他在赫西奥德笔下的诡计师角色一起交给了雅典的萨提尔,后者将继续阐述他在雅典语境中定义和探索人类境况方面的作用。现在是时候进一步思考这些问题了。关于公元前5世纪的雅典,普罗米修斯崇拜能告诉我们些什么呢?人类境况的哪些方面,受到了特别的关注?普罗米修斯的火炬在这个时代的雅典人中燃起了怎样的文化反思?

普罗米修斯、火,以及公元前 5 世纪的雅典

雅典的普罗米修斯崇拜主要是一场火的颂歌庆典,其不仅颂扬火的文明潜力,也敬畏它的破坏能量。我们已经讨论过了火对希腊宗教生活的普遍重要意义——它在祭祀中的重大作用,是神圣存在的象征和人神交流的媒介,等等。现在,让我们试着缩小这种理解的范围,问一问普罗米修斯对公元前 5 世纪的雅典人意味着什么。到了公元前 5 世纪早期,雅典人已经亲身经历到火以及与它相关的技术能给城邦带来的最美好和最糟糕的事情。公元前 5 世纪的雅典人生活在波斯入侵之后的时代,对于他们而言,普罗米修斯特别"有助于思考(good to think with)"自身的相关经历。

在第一次波斯战争(Persian War)爆发之前的那些年,雅典是一个繁荣昌盛、雄心勃勃的城邦。公元前 6 世纪下半叶,庇西特拉图(Peisistratus)父子开始实施他们的建筑计划。从那以后,雅典便拥有了几座技艺精湛的建筑和公共工程。据说,在公元前 522 年,年轻的庇西特拉图在阿哥拉集市(Agora)建造了一座十二主神(Twelve Gods)的祭坛。而在阿哥拉集市对面,有一栋小小的喷泉屋,它利用精心制作的赤土管道将水从很远

的地方输送过来,供当时频繁光顾集市的数百民众使用。也许,更著名的水技术案例是建在伊利苏斯(Ilissus)河床附近的喷泉屋,它拥有九个喷水口。在雅典卫城的东南方,一座不朽的奥林波斯宙斯神庙开始建造(尽管从未竣工),其设计可与当时以弗所(Ephesus)、米利都(Miletus)和萨摩斯(Samaos)岛上的巨型神庙相媲美。公元前5世纪初,一座新的雅典娜神庙在雅典卫城(Acropolis)破土动工,这座神庙用潘泰列克(Pentelic)大理石制成。当然,菲迪亚斯的巨型雅典娜铜像——它如此之大,以至于那些从苏尼翁(Sounion)驶向雅典的人都能远远望见她的长矛以及头盔的徽章——也被添加到雅典卫城,立于神庙大门的入口。那时的雅典正在成为一个繁荣富强、技术先进的城邦——这是普罗米修斯所能赋予一座城市的鲜活明证。

然而,雅典人所有的文化荣耀在公元前480/479年被波斯人全部毁坏。希罗多德(Herodotus)告诉我们,波斯人取得温泉关(Thermopylae)战役的胜利之后,在薛西斯(Xerxes)的带领下闯入希腊南部,迫使雅典人放弃他们的城邦。波斯人攻陷了雅典的城堡,在公元前479年夏天,当薛西斯的将军马尔多尼乌斯(Mardonius)最终从雅典撤退时,他留下了一座废墟般的城市。正如希罗多德所记录的那样,"他将雅典付之一炬,凡是依然矗立的城墙、房屋或神庙,都被他毁掉或拆除"(9.13)。修昔底德（Thucydides）回忆说，"外围墙仅有一小部分残存下来，大部分房屋都已倒塌，只有少数房子得以保留，被波斯军官用作了自己的营房"（1.89.3）。考古发现证实了这些文字记录。雅典卫城遭到劫掠和焚烧——未完工的大理石帕特农神庙前身以及早期的雅典娜神庙被毁。现存于雅典卫城博物馆的几十座雕像见证了波斯人的破坏，而那些精美的陶器碎片，则清晰展示了那场毁灭性大火的后果。下城区也被焚毁。房屋、防御围墙和各大圣所，包括十二神坛、宙斯圣殿和阿哥拉集市西侧的小型阿波罗神庙，都被拆毁。简而言之，这座城市受到了彻底的毁坏。

七年后，埃斯库罗斯以一组戏剧四部曲赢得了酒神节（Dionysiac festival）的一等奖，其中包括一部专门讲述希腊人在萨拉米斯（Salamis）击败波斯人的悲剧，以及一部名为《燃火者普罗米修斯》的萨提尔剧。我们可以推想这部萨提尔剧和悲剧《波斯人》同台演出的效果，前者着重描述普罗米修斯的盗火事件以及他在雅典确立的崇拜习俗，而后者致力于探讨入侵希腊并摧毁雅典城内许多神庙和圣像的那群人的失败。在现存的古希腊悲剧中，埃斯库罗斯的《波斯人》是唯一一部涉及近期历史事件而非神话故事的作品，它聚焦于波斯人所遭受的痛苦以及他们造成的极大破坏，这肯定会让雅典人回忆起他们在该场战争初期阶段的类似损失。埃斯库罗斯捕捉到了人们在战争时期所经受的共同痛苦感，这种痛苦感超越了胜利者和失败者的个体经历，而这正是此部悲剧的感染力所在。波斯战争确实对埃斯库罗斯产生了强烈的影响；他本人参加了马拉松战役（the battle of Marathon），并在那里失去了自己的兄弟。那么，雅典的观众在酒神节上观看这些戏剧表演时，可能有类似的仪式性体验。首先，雅典公民们观看了一部悲剧，专门讲述波斯人在战争中造成的破坏——这是一种镜像，映照出他们自己十年前所蒙受的战时损失。接着，透过萨提尔剧《燃火者普罗米修斯》的扭曲镜头，雅典观众看到普罗米修斯点燃了第一支火炬，并把它交给萨提尔——这些半人半兽、诡计多端的人物，可以帮助雅典人去构想城邦在遭受战争破坏后所需要的净化，以及它重新获得的善用普罗米修斯火种礼物的能力。

小结

普罗米修斯通过神话故事和祭拜活动与雅典联系在一起，他现身于瓶画以及雅典的萨提尔舞台，将火种礼物带给了雅典人民。在某种程度上，普罗米修斯享有的机智和技艺名声使他与这座雅典娜之城完美契合。雅典娜本人拥有墨提斯的血脉，而墨提斯是聪明智慧的化身，普罗米修斯也因此而闻名。所以，他的神话和雅典娜的神话有着重要关联。与赫菲斯托斯一起，普罗米修斯在雅典受到人们的敬奉膜拜，因为他与火以及随之而来的技术有关。他的崇拜庆典以火炬接力赛的方式进行，比赛以雅典学园的普罗米修斯祭坛为起点，沿着一条规定路线进入雅典城内，这也许象征着火的仪式意义以及它在雅典人文明生活中的突出作用。

然而，在后波斯战争时期的雅典近期记忆中，普罗米修斯的泛希腊神话和他的火种礼物呈现出更加本土化的具体含义。普罗米修斯的故事，并不仅是对火的模糊本质的笼统赞颂或对其作为神人沟通手段的某种认可，而是为雅典人提供了一种思考其近期创伤的有效方式。尤为重要的一点是，埃斯库罗斯把普罗米修斯和他最初送给人类的火种礼物呈现在萨提尔的戏剧舞台，借此给了雅典人一个重新开始的机会——将他们对火的破坏力的近期记忆转化为城邦的重建体验，借助技术的种种可能和创造性智慧让这座城市获得新生，而这样的智慧为普罗米修斯和雅典所共享。事实上，埃斯库罗斯会继续"用普罗米修斯思考（thinking with Prometheus）"。在下一章，我们将进一步研究他如何改编普罗米修斯的故事以庆祝人类脱离原始的兽性状态所取得的进步，特别是雅典人如何从波斯战争的灰烬和废墟之中重建自己的城市并成为一个艺术和文化的伟大之邦。

三、政治反叛者和文化英雄：雅典文献中的普罗米修斯

在上一章，我们探讨了雅典的普罗米修斯崇拜，并提出了普罗米修斯的神话形象曾帮助公元前5世纪的雅典人思考火的意义——它的有益之处及潜在破坏力。在本章中，我们将重点讨论古典时期的三个文学文本。埃斯库罗斯的悲剧《被缚的普罗米修斯》和柏拉图的哲学对话篇《普罗泰戈拉》显示了在公元前5世纪和公元前4世纪时，普罗米修斯如何以一个革命人物形象走上政治思想的舞台。埃斯库罗斯的悲剧《被缚的普罗米修斯》将目光投向普罗米修斯——这位给人类带来火种和希望的神——以赞颂公元前5世纪雅典的繁荣和强大。埃斯库罗斯笔下的普罗米修斯不再是一个诡计多端的人物，而是扮演了一个为人类对抗宙斯暴政的反叛者、其故事将进步而不是衰落凸显为人类境况的主导叙事。柏拉图的苏格拉底对话篇《普罗泰戈拉》从普罗米修斯的神话出发，讲述了一个类似的故事，

即人类从更早的兽性状态进化而来。然而，在柏拉图的版本中，普罗米修斯的故事强调了社会和政治技艺是人类境况的标志，而不是技术专长。最后，我们将转向阿里斯托芬的喜剧《鸟》(*The Birds*)去发现一个喜剧性的普罗米修斯，在那里他以更幽默的方式重现其诡计形象和反叛角色。阿里斯托芬笔下的普罗米修斯，藏在遮阳伞下躲避宙斯，但他依然是一个熟悉的人物，出色地扮演着宙斯的反叛者和人类的捍卫者。其喜剧性的成功有助于印证我们在其他希腊资料来源中对其神话的解读。

从赫西俄德到公元前5世纪之间的那段时期，诗人们对普罗米修斯的神话保持着令人好奇的沉默。直到公元前5世纪中叶以及埃斯库罗斯的《被缚的普罗米修斯》的出现，我们才找到关于这位人类的盗火之神的另一种文学延伸处理。埃斯库罗斯显然是以赫西俄德的普罗米修斯为创作蓝本，然而，公元前5世纪雅典繁荣的政治和经济背景却引出了普罗米修斯神话形象的不同面貌。特别是，埃斯库罗斯将普罗米修斯描绘成一个政治反叛者，这引起了浪漫主义诗人的共鸣，他们在这部戏剧中发现了一个强有力的神话语境，以此将自己对革命和反抗的赞颂置于该语境之中。因此，除了讨论古典时期雅典（classical Athens）的普罗米修斯形象之外，本章还会将我们对古代世界的普罗米修斯的讨论，和下一章对18世纪末和19世纪初的普罗米修斯的论述衔接起来。赫西俄德的诗歌声称，所有凡人的麻烦都源于普罗米修斯的火种礼物，而埃斯库罗斯和柏拉图则赞扬普罗米修斯是人类的慷慨恩人，似乎这些后世作者已经彻底颠覆了普罗米修斯的神话。然而，如果仔细观察，我们便会发现，发生改变的不是神话，而是神话所代表的人类经验的客观条件。

埃斯库罗斯的《被缚的普罗米修斯》

在雅典剧作家埃斯库罗斯名下 70 部到 90 部的作品中，只有七部剧的完整手稿留存于世。有一些学者提出，《被缚的普罗米修斯》可能并非出自埃斯库罗斯之手，其判断依据部分基于风格，部分基于主题。虽然，尚无公元前 5 世纪的证据表明埃斯库罗斯是该剧的作者，但也没有任何古代文献资料对该剧作者的真实性提出质疑，在缺乏令人信服的明确证据的情况下，目前大多数学者将该剧归入埃斯库罗斯作品集。据说，埃斯库罗斯喜欢按照同一主题或神话来创作戏剧四部曲（由三部悲剧和一部萨提尔剧组成），他的现存剧本显示出了某种倾向，即以宏大叙事进行神话题材创作，其剧情往往围绕着对立力量之间的宇宙秩序（cosmic battle）争斗展开。

埃斯库罗斯的一生（约公元前525/524—公元前456/455年）见证了发生在雅典的系列重要决定性事件，它们在公元前5世纪中叶达到高潮。当时雅典人击溃波斯人，确立了民主制度，雅典成为一个强大的帝国。埃斯库罗斯在公元前508/507年的雅典革命中成年，这场革命引发了被许多人称为雅典民主起源的政治改革（克里斯提尼改革［Cleisthenic Reforms］），他还参加了最终将波斯侵略者赶出希腊的伟大战役：马拉松战役（公元前490年）、十年后的萨拉米斯战役（公元前480年）以及普拉提亚战役（公元前479年）。公元前5世纪60年代初期，波斯人在爱琴海（Aegean）一带的存在被抹去，接下来的十年预示着雅典民主发展的一些重要里程碑，特别是公元前461年的厄菲阿尔特斯（Ephialtes）改革。换句话说，埃斯库罗斯伴随着雅典的繁荣而崛起。他的一生正值雅典国力鼎盛时期，雅典走出了斯巴达的阴影，不仅掌控了希腊的领导权，而且还掌控了一个庞大的海外帝国。埃斯库罗斯在公元前5世纪末的伯罗奔尼撒战争（Peloponnesian Wars）爆发之前去世，而那场战争让雅典落入斯巴达人之手。我们正是需要在这样的历史和政治背景中，去解读埃斯库罗斯对普罗米修斯神话的延伸处理。

让我们先简单了解一下《被缚的普罗米修斯》的故事情节，为我们讨论被埃斯库罗斯搬上悲剧舞台的普罗米修斯提供一些相关背景。该剧在一片荒凉的场景中拉开帷幕,其中有两位宙斯的代理人,威力神克拉托斯(Kratos,"强力")和暴力神比亚(Bia,"武力")。我们可能记得在赫西俄德的《神谱》中,他们是冥河斯堤克斯(Styx)的孩子,"除了宙斯的身边,他们没有其他家园"(《神谱》,385)。在这部剧里,他们是帮助宙斯夺得统治权力量的人格化身,并强迫不情愿的赫菲斯托斯将普罗米修斯绑在地处这个已知世界的边缘的岩石峭壁之上(1—87)。在戏剧的开场,克拉托斯对着赫菲斯托斯说出了一番话,提醒他普罗米修斯偷走了他的火之花——那"蕴含所有技能[*pantechnou*]的火焰光芒",并把它送给了人类:

> 为这罪过,他理应遭受天神们的惩处,让他从而学会应该服从宙斯的无限权力,不再做袒护人类的事情。①
>
> (《被缚的普罗米修斯》,8—11)

尽管不情愿,赫菲斯托斯还是向宙斯的武装代表们屈服了,并将普罗米修斯铐在斯基泰岩石之上。他们离开后,普罗米修斯孤零零地留在舞台之上,发表了一段独白,表示为自己的行

---

① 本章《被缚的普罗米修斯》的译文参考了《古希腊悲剧喜剧全集》第1卷,张竹明、王焕生译,译林出版社,2007年,有个别改动。——译注

为和惩罚负责：

> 我曾窃取火焰的种源，把它藏在茴香秆里，这火种对于人类乃是一切技艺的导师和伟大的获取手段。我现在就是由于这些罪过遭受惩罚，被钉在这里，囚禁于这开阔的天空下。
>
> （《被缚的普罗米修斯》，109—113）

鉴于普罗米修斯被钉牢在岩石上面无法移动，戏剧的其余部分通过一系列人物的到来和离去而展开。第一个来到舞台上与普罗米修斯会面的是一支12人到15人的歌队，由长着翅膀的大洋神女儿们组成。她们对普罗米修斯的遭遇感到震惊，急切地询问他为何受到如此严厉的惩罚。普罗米修斯在回复里首先提到了泰坦之战（Titanomachy），他的描述让人想起赫西俄德《神谱》中的相关故事。普罗米修斯声称，宙斯和奥林波斯诸神之所以取得胜利，只是因为他的建议之功，他让他们依靠诡计而不是武力去制服泰坦巨人（221—223）。其次，普罗米修斯解释说，宙斯打算毁灭人类，但他——普罗米修斯，拯救了他们。在富于同情而又喜欢刺探的歌队的催促下，普罗米修斯承认自己为人类走得更远：他把盲目的希望送给了人类，还给了他们火种（250—254）。

这时候，大洋神自己来到了舞台上。在赫西俄德的《神谱》里，他是普罗米修斯的岳父；而在这里，他与普罗米修斯没有任何亲属关系，但同为神族一员，他同情普罗米修斯的遭遇，想向他提供些帮助，只要他不再那么直言不讳。然而，普罗米修斯拒绝了他的提议，显得有些目中无人和冥顽不化，大洋神只好沮丧地退了场。接着，大洋神的女儿们齐声唱起了歌曲，哀叹宙斯的种种行为——"这位暴君的行迹"——并批评他对

图6:《被缚的普罗米修斯》，彼得·保罗·鲁本斯和弗兰斯·斯奈德斯，1618年。来源：费城艺术博物馆，以W.P. 威尔斯塔克基金购入（Peter Paul Rubens [1577—1640] and Frans Snyders [1579—1657], Prometheus Bound, 1618. Source: Philadelphia Museum of Art. Purchased with the W. P. Wilstach Fund）

待神族成员的方式。普罗米修斯用两番演说进行了回应,概述了他赋予人类的所有好处和实用技能,最后是著名的那句自夸:"凡人的一切技艺都源于普罗米修斯。"(506)

当伊娥(Io)出现在舞台上时,普罗米修斯的故事发生了前所未有的转变。埃斯库罗斯是第一个将普罗米修斯的神话与伊娥的故事结合在一起的人,如普罗米修斯所述,她"使宙斯燃起爱火,现在遭受赫拉憎恶,被迫踏上这过分漫长的旅途受磨难"(590—592)。让一位无法移动的神明和一个无法静止的凡人同台相对,除了戏剧性效果的考虑之外,还因为两位可以将各自经受的惩罚追溯到一个共同的来源。在这番对话中,伊娥告诉普罗米修斯和歌队,她也在宙斯的手中受苦,注定要在地球上四处流浪,还被一只牛虻叮咬而奔忙。普罗米修斯回应说,她的第十三代后人将生下一个儿子——赫拉克勒斯。他便是某天会把普罗米修斯从惩罚中解放出来的人。普罗米修斯安慰伊娥说,不久之后,宙斯自己也会落难,因为宙斯最终会缔结一场给他带来伤害的婚姻——他的妻子会生下一个比父亲更强大的儿子。只有普罗米修斯知道能使宙斯摆脱命运的秘密。

最后,赫耳墨斯出现了,他是宙斯的信使,并要求普罗米修斯明明白白地揭示这一秘密知识。当普罗米修斯拒绝服从时,赫耳墨斯提出了新的惩罚措施——一只老鹰会每天啃噬他的肉身。普罗米修斯再次拒绝了赫耳墨斯的要求，戏剧以一场灾难性的大火和普罗米修斯最后的反抗呼喊"请看我正遭受怎样不公正的折磨"结束。

在宙斯和普罗米修斯之间设定了如此强大的对立之后，埃斯库罗斯的这版故事，给人一种悬而未决的感觉——尤其是对那些熟悉整个普罗米修斯神话的人来说。事实上，《被缚的普罗米修斯》的一位研究学者说，普罗米修斯在埃斯库罗斯的下一部剧中得到了释放。许多学者认为这部剧是指《被释放的普罗米修斯》（*Prometheus Unbound*，即 *Prometheus Luomenos*），是该三部曲的第二部。在这部剧中，普罗米修斯被赫拉克勒斯解救，摆脱了枷锁的束缚和饿鹰的日常啄食。因为除了《被缚的普罗米修斯》之外，我们还拥有这第二部剧和第三部剧《持火的普罗米修斯》（*Prometheus Fire-Bearer*，即 *Prometheus Purphoros*）的文本片段。这些归属于埃斯库罗斯名下的残篇显示，《被缚的普罗米修斯》延续了埃斯库罗斯的《俄瑞斯忒亚》（*Oresteia*）的创作构想，属于同一主题下相互关联的三部曲的一部分。人们认为，最后一部剧《持火的普罗米修斯》是庆祝宙斯和普罗米修斯的和解以及雅典的普罗米修斯火炬竞赛开幕式，该仪式是庆祝他赠予人类这份礼物的一部分。

在《被缚的普罗米修斯》中，埃斯库罗斯沿用了赫西俄德对普罗米修斯的两种描述。与《神谱》一样，这部公元前5世纪的戏剧将普罗米修斯代表人类而采取的种种行动置于更宏大的宇宙秩序框架之中，即泰坦之战以及宙斯最终夺取了统治权力。两位作者都强调了普罗米修斯的聪明才智，他们描述的主要关注点是人类的起源以及他们与众神的关系。尽管如此，埃斯库罗斯还是对赫西俄德的版本作了一些惊人的改动。也许，最为显著的改变是某些事件的缺席：没有提及墨科涅的欺骗性祭祀，也没有提及潘多拉。普罗米修斯不再是伊阿佩托斯和克吕墨涅的儿子，而是盖娅（Gaia）自己所生。虽然他的兄弟阿特拉斯作为同病相怜的角色被提及，但在埃斯库罗斯的剧本中却没有出现墨诺提俄斯和厄庇米修斯。这些和其他更微妙的变化结合起来，描绘了一个形象迥异的普罗米修斯。正如我们将看到的那样，这样的普罗米修斯十分契合公元前5世纪的雅典政治和文化经验。

从诡计师到反叛者

虽然，埃斯库罗斯继续将普罗米修斯的火种礼物置于宙斯权力崛起的故事之中，但宙斯统治的性质却迥然不同，这种变化对普罗米修斯的故事产生了深刻的影响。在《神谱》中，普罗米修斯试图蒙骗宙斯的（失败）故事，是一系列精心设计的行动的一部分，旨在巩固和赞颂宙斯的统治权力。这部诗歌，是在宙斯权力崛起之路的最后阶段引介了这位众神之王。宙斯成功地将武力与智力结合起来，并通过选择重要盟友进一步巩固了自己的权威，其中包括他与缪斯女神之母摩涅莫绪涅（Mnemosyne）的结合，缪斯女神为他的统治唱了一首赞颂之歌。在这种情况下，聪明狡黠的普罗米修斯被引入到与宙斯斗智斗勇的语境中，而宙斯对普罗米修斯的最后胜利是他天生智慧的最终体现。此外，在这一背景下，普罗米修斯作为一个诡计多端的人物，其欺骗性的盗火行为实际上给人类带来了悲伤和劳作，而不是任何好处或优势。

然而，在《被缚的普罗米修斯》中，普罗米修斯和宙斯之间的冲突背景大相径庭。在这里，普罗米修斯的行为构成了对残酷的宙斯专制的反叛。埃斯库罗斯笔下的宙斯刚刚登上权力舞台，他的统治粗暴又残酷。正如乔治·汤姆森（George Thomson）所描述的那样，"宙斯是一个暴君，他的统治是一种暴政"，剧中的大多数人物都在不断重复这一评价。他的大臣们是"威力神（Might）"和"暴力神（Force）"；他疑心自己的朋友，听不进任何劝告，而且，正如我们从他对待伊娥的行为中看到的那样，他有暴力倾向（Thomson，1972: 322—323）。

由此，埃斯库罗斯改变了普罗米修斯和宙斯之间的冲突本质，让一场智力较量转化为一场政治反叛。通过把宙斯描述为一个缺乏安全感、权力熏心的暴君，埃斯库罗斯唤起了一个在公元前5世纪雅典具有特定负面含义的政治称谓。尽管 *tyrannos*〔**僭主**〕这个词的早期含义仅仅特指那些其王权并非源于合法继承的唯一统治者，但是到了公元前5世纪，僭主（tyrant）已意味着傲慢的统治者，他们有暴力倾向，一意孤行，将自身视为法律权威。特别是雅典，因其憎恨暴政而闻名，它将民主传统的奠基与城邦脱离专制暴政的历史性时刻关联起来，当时是哈尔摩狄奥斯（Harmodius）和阿里斯托革顿（Aristogeiton）将雅典从庇西特拉图之子的暴政中解救出来，从那以后，他们以"弑暴君者（Tyrannicides）"的称号受到广泛赞颂。《被缚的普罗米修斯》中的宙斯，体现了与这种暴政历史记忆相关的特质，在这种政治背景下，宙斯对普罗米修斯的惩罚呈现了近代历史叙事的视角。宙斯用暴力神和威力神将普罗米修斯锲在岩石上，这再现了专制暴政对待他人的暴力漠视。宙斯对待凡人的方式也显得蛮横。在《神谱》中，他扣留了凡人的火种，以报复普罗米修斯在墨科涅献祭时的蒙骗行为；而在《被缚的普罗米修斯》中，宙斯毁灭凡人的意图则完全动机不明。因此，埃斯库罗斯笔下的普罗米修斯，与其说是一个诡计多端的人物，不如说是一个反叛者,一个为人类反抗诸神压迫的代言人。正如他向歌队解释的那样,当宙斯威胁要抹杀人类种族然后创造一个新的种族时,只有普罗米修斯愿意站出来为凡人发声,公开反对宙斯滥用权力。普罗米修斯性格中的反叛精神,引发了浪漫主义者们更详细的探究,如我们将在下一章看到的那样。

从希望到预言

除了将赫西俄德笔下诡计多端的形象重塑为一个反叛者外,埃斯库罗斯还对这个神话进行了其他改编,强化了普罗米修斯在剧中的预言能力而不是欺骗能力。在这部剧中,普罗米修斯是盖娅的儿子,而不是克吕墨涅的儿子。埃斯库罗斯告诉我们,是普罗米修斯,而不是赫西俄德笔下的盖娅,给了宙斯关键性的建议,使他能够击败泰坦一族。盖娅告诫她的儿子,"不是靠强力,也不是靠压服一切的暴力,而是靠诡计"才能取得泰坦之战的胜利。普罗米修斯将这一重要信息传给了宙斯,宙斯利用普罗米修斯的内幕知识(inside knowledge),战胜了泰坦一族,成为众神之王。普罗米修斯除了能够获得使宙斯战胜泰坦的信息外,还掌握着关于宙斯未来婚姻的重要知识,如果他与宙斯分享这些知识,将使他免于跌下神王之位(赫西俄德的故事也没有这方面的内容）——这种对未来的独家知识，只会为两位神的对峙僵局火上浇油。

最为明显的一处是，普罗米修斯名字的词源含义，在克拉托斯开场白的结尾被解释成"先见之明"：

诸神徒然地将你称作"先见之明"，因为你自己需要先见之明，以找到摆脱这锁链的路径。

（《被缚的普罗米修斯》，85—87）

赫西俄德的诗歌将普罗米修斯描述为聪明机敏且富于洞察力的神，而《劳作与时日》提到，普罗米修斯曾给他那位名字含义相反的兄弟厄庇米修斯发出警告，借此暗示了这位神的超前思考能力。然而，除了藏在潘多拉之罐里那个有问题的希望（Hope）之外，赫西俄德既没有强调普罗米修斯自己的预言能力，也没有把应对未来的策略能力纳入普罗米修斯留给人类的遗产。然而，埃斯库罗斯却将此种预言能力，设置为他的普罗米修斯神话的一个关键方面。

我们记得，当所有其他象征人类生存状态的不幸和麻烦被释放到这个世界上时，希望仍然被困在潘多拉的瓶罐之内。虽然，埃斯库罗斯在他的普罗米修斯故事中省略了潘多拉，但他把希望从不幸之罐中解救出来,并赋予它一种赫西俄德版本中所没有的突出地位和积极价值。普罗米修斯和大洋神女儿们组成的歌队进行了一段开场对话,他提到的赠与人类的第一件礼物便是希望:

普:我让会死的凡人不再预见死亡。
歌:你为治疗这疾病找到了什么良药?
普:我把盲目的希望(blind hopes)放进他们的胸膛。
歌:你给予了凡人如此巨大的好处。
普:不仅如此,我还把火赠给了他们。
歌:那生命短暂的凡人也有了明亮的火焰?
普:是,凡人借助火将学会许多技艺。

(《被缚的普罗米修斯》,248—254)

在这里,火和它教会人类所有技艺的能力被降到了第二个层级。普罗米修斯带来的第一个好处是希望,以帮助凡人应对未来,尽管围绕着希望本质的模糊性并没有完全消除。当歌队问普罗米修斯"你为治疗这疾病找到了什么良药"?这里的 *Pharmakon* [**良药**] 一词,也有"毒药"的意思。在评估希望的本质时,这个用词保留了一些和赫西俄德叙述版相同的模糊性。然而,这段对话中的"盲目的希望"有一个更积极的意义,我们可以从歌队的回应中发现这一点:"你给予了凡人如此巨大的好处。"虽然,它的盲目性可能会阻碍凡人对未来的了解,但希望也使人类能够无视即将到来的死亡,以积极热情的态度去生活,并随心所欲地去成就他本来可能不会尝试的事情。

因此,普罗米修斯的希望礼物,连同他的火种礼物,都是出于救助精神,以此作为凡人的生存策略,帮助他们以有限的认知和掌控能力来应对未来。普罗米修斯不仅给了凡人技术——正如我们将进一步讨论的那样——而且还给了他们对未来的希望。埃斯库罗斯以此强调预言能力(即先见之明)对普罗米修斯神话的重要部分——这是他名字的本质,也是他留给人类的一项关键遗产。凡人,顾名思义,是必定要死的,而普罗米修斯对此也无能为力。相反,他用对未来的盲目希望取代了人类对自身死亡厄运的预见,并给了他们火种和所有其他能够使凡人延长生命和提高生活质量的技艺。希望是人类经验的一部分——这是将人类与全知全能的神明区分开来的另一件事物。

普罗米修斯和进步

尽管古希腊人可能没有一个特定的词来表示"进步"(progress),但是他们确实有一个精彩的、适合思考这一概念内在模糊性的普罗米修斯神话。"进步"这一理念意味着事物朝着更好的目标或方向发展。可是,这个公认的模糊性定义转而又以一系列的价值判断为假设前提。如何衡量进步呢?是依据幸福指数?是评估人类对自然的控制能力?还是核算物质财富的增长?关于进步的定义,古希腊人与今天的我们一样也没有达成一致的看法。然而,当时和现在一样都把技术视为一个衡量进步的重要指标。而在这方面,作为给人类带来火种的神话角色普罗米修斯,顺理成章地成为人们探讨技术创新进步所带来的好处和风险的一个合理选择。

要了解这一点的来龙去脉,我们要回到埃斯库罗斯的《被缚的普罗米修斯》。普罗米修斯向歌队发表讲话时,他作了进一步说明,"不仅如此,我还把火赠送给了他们……凡人借助火将学会许多技艺"。赫西俄德曾提到了墨科涅事件(the Mekone episode),以此明确了宙斯扣留火种的动机。埃斯库罗斯对此事避而不谈,从而为普罗米修斯赠予人类火种礼物营造出一个非常单纯的、完全出于仁慈的行为语境——试图挫败宙斯摧毁凡人的计划。在获得火种之前,人类的生存状态和野兽的处境几乎相当;普罗米修斯解释说,有了火,人类将能够发展所有必要的技能和手艺,为自己创造一个更好的生存世界。希腊语中的技艺一词,*techne*[**技艺**]——我们的"技术(technology)"和"技巧(technique)"来自于此——包含了标志着人类文明存在的艺术、技能和工艺,涵盖冶金和农业以及陶器和诗歌领域。赫西俄德将普罗米修斯的火种礼物描述为造成人类从黄金时代堕入辛劳的黑铁时代的起因;与此相反,埃斯库罗斯笔下的普罗米修斯则帮助人们去阐释希腊文学中最早的、当然也是最详细的关于进步的文本描述。

在他的第一次演说中,普罗米修斯解释道,在他介入之前,人类活得像动物一样:

> 请听听人类承受的种种悲苦,他们先前怎样愚昧,我使他们具有理性,获得思想。我并非出于讥笑,描述此前的人类,只是想说明我为何如此给他们恩惠。从前他们徒有耳目,却视而不见,听而不闻,如同梦幻中经常出现的种种浮影,在浑浑噩噩之中度过漫长的一生。既不知道用砖瓦建造向阳的房屋,也不知道使用木料,而是如同藏身于泥土之中的渺小蚁群,居住在终日不见阳光的洞穴深处。对于严寒的冬季、百花繁茂的春天和果实累累的炎夏,他们从不知晓任何可靠的征候,而是盲目地从事一切事情,直到我教会他们认识星辰难以辨认的升起和下沉。我为他们发明了字母的组连,各种事情的记忆基础,各种艺术的孕育和庇护。是我首先把野兽驾在各种轭下,使它

服从轭辕,背负各种货鞍,好为人类承担各种巨大的重负,还把经过调顺的马匹驾在车前,成为享受富裕豪华生活的装饰。不是其他哪位神明,仍是我发明了供水手们漫游于海上的带帆的大车。不幸的是我为人类发明了这许多技巧,现在为自己却找不到聪明的办法,使我摆脱现在正忍受的这种苦难。

(《被缚的普罗米修斯》,442—471)

在演说的开头,普罗米修斯描述了一个与赫西俄德的黄金时代相去甚远的世界。在普罗米修斯介入其间并使人类成为"自己思想的主人"之前,凡人的生活状态和野兽没有什么两样。他们没有工具,没有技能,任凭自然摆布——就像地面上成群的蚂蚁。接下来,普罗米修斯开始列举他为改善人类生活质量所做的种种发明创造,在第二次演说中,他甚至进一步详细阐述了这些贡献:

你听完我其他的发明,更会惊叹,看我构想出了怎样的技巧和怎样的手段。其中最重要的是,凡人一旦患病,便无可根治,他们既没有内服的药物,也无可用的油膏或可饮的汤汁,只好因缺少药物而憔悴死去,直至我教会他们把各种温和的药物混合,他们才会把各种疾病一一驱除。我又教会他们各种预言的技能,第一个教会他们区分什么样的梦想会成为现实,还教会他们区别各种难以辨别的征兆和道边的种种迹象。我教会他们分辨曲爪飞鸟的飞行特征,哪些天然表示吉兆,哪些预示不吉,各种鸟类分别具有怎样的习性,哪些鸟类互相敌视,哪些鸟类互相亲爱,一起栖息。我教会他们辨别内脏要如何光滑,苦胆要具有怎样的颜色,肝脏要具有怎样的斑点,才能博得神明欢心。我把大腿骨和长长的小胫骨裹上脂肪,焚烧祭献,把这种难以理解的技术教会凡人,使得往日人类不了解的祭火的各种征兆变得清楚明了。这些事情就是这样——至于说那些埋葬在地下有益于人类的各种财宝,铜、铁、白银、黄金,有谁能说是他比我还早地发现了这些有用的宝物?我知道无人敢说,除非他信口胡言。如果把这一切一言以蔽之,那就是:人类的一切技艺都源于普罗米修斯。

(《被缚的普罗米修斯》,476—506)

普罗米修斯强调了他改善人类命运的三个主要领域:医学、预言和冶金。普罗米修斯在这里没有提到他的火种礼物,也没有关注那些依赖火的技术能力,这让人感到有些惊讶。此外,他发明的祭祀——这对赫西俄德的普罗米修斯的故事逻辑相当重要——被嵌入到更广泛的预言技能或预测未来的概念范畴。在没有提到火和祭祀的情况下,智力发展和各种技艺被强调为普罗米修斯留给人类的遗产。将这两篇演说放在一起,我们可以找出他话语中两条不同的逻辑思路。

首先,普罗米修斯强调了人类早前混乱、落后的生存状态。在他干预之前,人们像动物一样活着。接下来,他从消极的视角详细描述了这种未开化的兽类生存——列举了人类缺乏的所有技能:建造房屋的木工技艺,预测天气或最大限度地提高作物收成的天文学知识,应对疾病的策略,于是"他们盲目地从事一切事情"。

其次,普罗米修斯提供了一份他授予人类的发明和技能的清单,解释说是他让人类走上了文明之路。除天文学之外,他还给人类带来了计数、书写、畜牧、船舶、医药、预言、祭祀和冶金。简而言之,埃斯库罗斯笔下的普罗米修斯讲述了一个进步的故事。他的神话从怀抱希望和自我完善的角度展现了人类的境况,即一种从原始的自然状态向着更文明的人类生存的演变。

埃斯库罗斯赞颂普罗米修斯,认为他对雅典所取得的文化成就作出了重要贡献:普罗米修斯和他的火种礼物,为人类提供了征服未来的工具,使世界成为一个更好的人类生存之所。他的火种礼物,是所有技能和知识的象征,而这些技能和知识使人类的存在有别于动物的存在。埃斯库罗斯没有像赫西俄德那样强调人类与众神的分离,而是将注意力放在神、人和动物这个谱系序列的另一端——放在人类经验可以超越兽性存在的方法途径之上。在为普罗米修斯谱写这篇演说时,埃斯库罗斯无疑借鉴了他所处时代的进步理论以及其他描述人类发展的传统模式。公元前五世纪中叶,阿那克西曼德(Anaximander)、德谟克利特(Democritus)和普罗泰戈拉(Protagoras)等自然哲学家开始对人类的发展提出更加理性的看法。普罗泰戈拉和其他人属于所谓"智术者(Sophists)"知识分子群体,他们周游希腊,提供一种新的教育,除此之外,他们还对一些熟悉的传统社会政治制度提出挑战。如果我们现在转向柏拉图的《普罗泰戈拉》(*Protagoras*),这位伟大思想家本人出场的一篇哲学对话,我们会再次发现普罗米修斯的神话与一个关于进步的故事联系在一起。

柏拉图的《普罗泰戈拉》

虽然柏拉图的《普罗泰戈拉》可能写于公元前4世纪90年代,但它的背景设定是公元前5世纪30年代末的雅典。因此,在继续探讨公元前5世纪末的阿里斯托芬的《鸟》之前,我们先讨论下这篇对话更为明智。在对话中,普罗泰戈拉、苏格拉底和其他人正在讨论公民美德（civic virtue, 即 arete）的本质——它是人类与生俱来的本性，还是由他人传授的技能？在对话的开场铺垫之后，智术者普罗泰戈拉借用普罗米修斯的神话来提出自己的论点，即虽然美德可以从别人那里获得和培养，但所有凡人都自有一份美德。为此，柏拉图的《普罗泰戈拉》讲述了一个人类从"没有鞋穿、没有床睡、没有武器防身的赤裸状态"进化发展的故事，而这些要归功于普罗米修斯的"技艺智慧和火种"礼物。

普罗米修斯还出现在柏拉图的其他对话录中。在《高尔吉亚》（*Gorgias*, 523d—e）中，苏格拉底提到，是普罗米修斯阻止了人类对死亡的预知。在《斐利布斯》（*Philebus*, 16c）中，苏格拉底解释说，通过"某位普罗米修斯"，神明不仅赐予了人类火种，也授予了他们"可以发明所有**技艺**［techne］"的方法。然而，柏拉图是在《普罗泰戈拉》中详尽地介绍了普罗米修斯的神话。《普罗泰戈拉》中聚集了一众著名的雅典知识分子，他们就智术者以及其宣称可以教授智慧和美德的说法展开讨论，不过，这篇柏拉图对话的核心是苏格拉底和普罗泰戈拉之间的对谈。当普罗泰戈拉声称要让人们成为好公民时，苏格拉底要求这位伟大的智术者证明，公民美德到底是否可以传授。毕竟，苏格拉底解释说，即使是伟大的伯里克利（Pericles）也无法将自己的公民知识传授给他的儿子们。普罗泰戈拉同意了苏格拉底的要求，选择以**神话故事**（*muthos*）这种令人愉悦的形式来展开他的论证陈述。

普罗泰戈拉解释说，在世界之初，诸神用土和火的混合物塑造了生物的各种形态，然后当他们要把这些生物带入光明世界时，他们责成普罗米修斯和他的兄弟厄庇米修斯来负责赋予它们生存所需的品格和技能。厄庇米修斯恳求他的兄弟让自己把这些东西分配给所有的生物，而普罗米修斯也答应会在他完成工作后对其进行监督。厄庇米修斯开始向各种野兽分配力量，留意不让任何一个物种有被灭绝的可能。然而，当普罗米修斯到达分配现场时，他发现自己的兄弟把事情办砸了：

> 头脑不怎么灵光的厄庇米修斯没有意识到自己在动物身上挥霍完了所储存的全部装备，而没有留一些给人的种族，他一时不知所措。正在他为此事绞尽脑汁的时候，普罗米修斯前来检验他的分配情况，他看到其他生物都得到了合适且足够的装配供给，但人类却处于没有鞋穿、没有床睡、没有武器防身的赤裸状态。
>
> （《普罗泰戈拉》，321b—c）

普罗米修斯感到十分沮丧,而迫于人类在既定日子正式降临地球的压力,他采取了一些措施来确保人类的生存:

> 而普罗米修斯不确定他能为人类找到什么样的保护,便从赫菲斯托斯和雅典娜那里偷来各种技艺以及火种,并把它们送给了人类——因为没有火就无法获得或运用这种技能。
>
> (《普罗泰戈拉》,321c—d)

现在,普罗塔泰戈拉解释说,人类已经获得了日常生活的智慧,但他仍然缺乏政治智慧(civic wisdom),因为政治智慧仍然归宙斯所有。

接下来,鉴于人类拥有了普罗米修斯的礼物,普罗泰戈拉便继续阐述得到改善的人类经验的状况。他解释说,由于人类拥有一部分神性,只有人会崇拜神明,为他们建造祭坛和圣像。此外,人类很快学会了说话和识字,并发明了房屋、衣服、草鞋、床铺和地球上的各种物品(322a)。但是,普罗泰戈拉继续说,尽管有了这些技能,人类还是无法和平共处,很快便开始消亡。在普罗泰戈拉的神话中,宙斯在这时候出手干预以拯救人类。他派赫耳墨斯给人类送来了羞耻(Shame)和正义(Justice)——并不只是送给一些人,而是送给所有人,因为如果只有少数人拥有这些技艺，那城邦便无法确立。因此，普罗泰戈拉解释说，这种公民美德（civic virtue）是所有人的事——它是人类的根本属性。

因为他们说，所有人都应该声称自己是公正的，无论他们是否公正，而对正义没有任何自我要求的人便是疯子；因为每一个人都必须以某种方式拥有一份正义，除非他不是人的同类。

（《普罗泰戈拉》，323b—c）

接下来，在他结束普罗米修斯神话之际，普罗泰戈拉解释说，这就是为什么尽管有些人拥有特殊的专门技能，但所有人都拥有一份政治技艺（civic arts）。他认为这种公民美德是可教的，并在下一场对话中向苏格拉底证明了这一点，这一次他是运用逻辑论证，而不是借助神话故事。

研究古代哲学的历史学家W.K.C格思里（W.K.C Guthrie）指出：

普罗泰戈拉在这个故事中所做的似乎是，至少部分是基于现有的公元前5世纪的爱奥尼亚哲学，来构建一个关于动物和人类生命的起源以及人类文明的理性主义描述，并将普罗米修斯和厄庇米修斯的故事嫁接到这个故事上面，并在这个过程中，对该神话不无自然地作了一些修正。

(格思里，1957: 88)

事实上，在这里，就像在埃斯库罗斯的戏剧中那样，柏拉图的《普罗泰戈拉》将普罗米修斯与区分人类和野兽的智力及文化技艺的发展联系起来。然而，尽管他引用了一个熟悉的神话人物和情节，但柏拉图的《普罗泰戈拉》还是在三个重要方面改变了这个传统神话版本。

首先，普罗泰戈拉似乎颠覆了普罗米修斯神话中普罗米修斯和厄庇米修斯的传统角色。赫西俄德让两位兄弟各自实现了其名字词源的隐含寓意，而在柏拉图的版本中，率先行动的是厄庇米修斯，而普罗米修斯则在事后才采取行动。然而，经过仔细观察，我们发现，他们的角色转换实际上并没有使任何一个兄弟脱离其性格本色——只是在叙述中转换了他们的位置而已。厄庇米修斯仍然是"头脑不够灵光"，而普罗米修斯仍然是那位富有远见的神，能以某种方式为人类提供帮助。通过颠倒他们在神话中的行动顺序而不是性格本色，普罗泰戈拉的普罗米修斯讲述了一个迥异于赫西俄德版的故事——一个关于生存和智慧的故事，而不是关于惩罚和衰落。此外，这种角色转换消除了两位兄弟之间的鲜明对比。取而代之的是普罗泰戈拉的故事重述，让互为参照的两兄弟更加有血有肉，并论证了预知与反思的丰富组合可能。普罗米修斯本该知道自己不能把这么重要的责任交给他的兄弟，而厄庇米修斯代表其他动物采取的分配行动，也并非完全没有智慧可言。因此，在普罗泰戈拉的版本中，厄庇米修斯并不只是他更有思想深度的兄弟的陪衬，而是一个类似于先见之明和后知后觉的混合体，普罗米修斯自己也是如此。

这种普罗米修斯和厄庇米修斯的动态形象重构，对这篇对话中关于知识产生和传播机制的讨论，有着耐人寻味的影响。柏拉图在《普罗泰戈拉》的结尾处回到了普罗米修斯的神话，当时苏格拉底观察到，他和普罗泰戈拉的讨论已经反转了彼此的最初立场。苏格拉底建议回溯一下他们的讨论，看看双方是在哪里误入了歧途，由此引出了普罗米修斯两兄弟：

> 我应当继续我们当前的谈话，直到弄清美德的本质，然后重新思考它是否可教，以免在我们的考察中受到厄庇米修斯的蒙骗，就像他在力量分配中忽略了人类，如你所描述的那样。我更喜欢你神话寓言故事中的普罗米修斯胜过厄庇米修斯；借助普罗米修斯的启示，当我在研究所有这些问题时，会对自己

的生活作出一定的预见[*promethoumenos*]。

(《普罗泰戈拉》,361c—d)

柏拉图在对话中引入普罗米修斯,并未局限于美德可教与否的内部讨论,而将它扩展到关于知识和智慧之本质的哲学探讨框架之中。

其次,甚至更耐人寻味的一点是,柏拉图彻底改变了宙斯在这个神话中的角色。他不再敌视普罗米修斯和人类,而是作为人类的共同缔造者和普罗米修斯一起采取行动。柏拉图省略了普罗米修斯神话中的祭祀情节,那是造成他们敌对的缘由。事实上,我们甚至会疑惑,普罗米修斯到底因何而必须盗火。通过淡化普罗米修斯和宙斯之间的敌意,柏拉图完全消解了埃斯库罗斯版本中的政治张力。柏拉图笔下的普罗米修斯,既不是赫西俄德诗中的诡计多端人物,也不是埃斯库罗斯剧中的政治反叛者,而是作为政治技艺和公民美德在人类领域的重要象征而出现。普罗泰戈拉的普罗米修斯故事,并不怎么关注技术以及人类学会如何掌控自然的其他手段,而是强调一种作为人类特性的构建社会群体的需求和能力。人类与动物的不同之处在于,他们需要共同生活在群体之中——既是出于自我保护的实际考量,也是为了从社会交往和沟通中获益成长。

通过强调正义或公民美德作为普罗米修斯留给人类的遗产，柏拉图再次推翻了赫西俄德版本的一个核心主题。在《劳作与时日》中，正义只是普罗米修斯盗火导致人类失去黄金时代的理想事物之一，而在这篇对话里，正义却产生于普罗米修斯和宙斯的共同行动之中。柏拉图笔下的普罗泰戈拉借用普罗米修斯来论证自己的观点，即界定人类境况本质的是正义或公民美德。他在神话叙述的最后声称，每个人都在某种程度上享有一份正义——若不这样做，便会把自身排除在人类之外。

最后一点，虽然柏拉图的普罗米修斯神话抹去了埃斯库罗斯版政治冲突的所有痕迹，但它确实清晰阐述了某种思想上的变革。有人认为，普罗泰戈拉对普罗米修斯神话的重述本身便是一种"普罗米修斯式"的颠覆性行为。毕竟，从本质上讲，和普罗泰戈拉有关的智术主义（Sophistic）教育目标就是倡导变革。他们摒弃了传统的教育模式以及与奥林波斯宗教相关的既定的政治社会权力结构，而提倡更加理性的思辨模式——与普罗米修斯相关的那种富含机巧的思考。普罗泰戈拉的普罗米修斯淡化了宙斯和普罗米修斯之间的传统政治敌意，并借此将这位智术者的个人主张与当时的主流传统及习俗惯例关联起来，而这些传统和习俗正在被更广泛的智术主义运动所取代。当普罗泰戈拉声称他的教义创造了好公民，即那些在城邦内拥有权势和影响力的人时，他实际上是在倡导一种破坏雅典传统权力模式的培训教育。普罗泰戈拉把宙斯和普罗米修斯一起列为赋予人类公民美德的神，他承认宙斯的传统权威，同时又利用他教义中的普罗米修斯式智谋来挑战其权力统治。

埃斯库罗斯把将普罗米修斯赠予人类火种的行为构造成一种政治行动，一场对暴政特权的高尚反抗，而柏拉图则强调普罗米修斯在颠覆和改变公民参政（civic participation）的性质中所起的作用，这种政治性参与将人与野兽区分开来。不过，两人都颂扬了人类特有的远见、谋划、战略和智慧等品质——这些特性使人类有别于动物，而让我们更接近于神明的世界。尤其重要的一点是，埃斯库罗斯和柏拉图都将当时关于人类进步的理性论述与传统的神话叙事——普罗米修斯盗火的故事——结合起来。我们从中可以看出，普罗米修斯身为一个革命人物，他在政治和思想方面发挥了多大的作用，以及产生了多大的反响。

喜剧中的普罗米修斯

喜剧诗人阿里斯托芬是公元前5世纪最后一位引述普罗米修斯神话的重要雅典作家。在《鸟》这部于公元前414年创作并上演的喜剧中，普罗米修斯在最后部分（行1494—1552）现身，他向剧中的主人公佩斯特泰罗斯（Pisthetairos）提供了一些建议。在该剧的开头，佩斯特泰罗斯和他的伙伴欧埃尔庇得斯（Euelpides）逃离了诉讼泛滥和争论过度的雅典，想去寻求更好的生活。他们与鸟儿们联合起来，试图在天空中建立一个乌托邦——云中鹁鸪国（Cloudcuckooland）。当众神对这种情况感到愤怒时——新城邦阻断了从地上凡间到奥林波斯神界的祭品通道——普罗米修斯便来到了此地，帮助新城邦和众神进行谈判，旨在双方之间达成某种和平约定。他告诉佩斯特泰罗斯，一个神灵使节团正在前往该城邦的路上，而鸟儿们只能在宙斯满足以下条件的情况下与他们讲和：（1）宙斯将他的权杖还给鸟类；（2）宙斯同意将巴西勒亚（Basileia）嫁给佩斯特泰罗斯。此后不久，普罗米修斯便离开了舞台，而剧中的行动正是按照这个建议继续展开。

从情节上讲，普罗米修斯在《鸟》中的角色让人想起他在赫西俄德和埃斯库罗斯神话版本中的形象。在赫西俄德的叙述中，普罗米修斯介入了泰坦之战，帮助宙斯领导的克洛诺斯的叛乱之子们与其他泰坦人作战。在这部喜剧里，普罗米修斯也帮助鸟类对抗众神。在这两个故事中，普罗米修斯都扮演着某种顾问的角色，他知晓关于如何战胜敌人的重要信息。在埃斯库罗斯的《被缚的普罗米修斯》中，普罗米修斯帮助宙斯与上一代人作战，而在《鸟》中，他帮助佩斯特泰罗斯和鸟儿们与宙斯对抗。他改变立场的明显原因是，在埃斯库罗斯的戏剧中，他在忘恩负义的宙斯手中遭受了可怕的对待——《鸟》似乎在若干地方呼应了这部戏剧。在《鸟》中，普罗米修斯明显已从痛苦惩罚中解脱了出来，并回归到众神的行列，这样，他才能告知鸟类众神目前食物短缺的情况。

祭祀也继续在普罗米修斯的故事中发挥着关键作用——在这部喜剧里，正是人类向诸神献祭的交流通道被阻断，才促发了普罗米修斯在剧中的介入。赫拉克勒斯也仍然是普罗米修斯故事的一部分。我们记得，在赫西俄德和埃斯库罗斯的版本中，赫拉克勒斯在神话的结尾处都占据着一个重要位置——是他在三万年后杀死了那只啄食肝脏的鹰，并将普罗米修斯从惩罚中释放出来。在《鸟》中，他与波塞冬（Poseidon）和特里拜洛斯（Tryballos）一起出现，促成了鸟类和人类之间的实际和平（以便他参加烧烤活动），从而结束了这出戏。尽管普罗米修斯来到佩斯特泰罗斯的身边是带着帮助他们从诸神那里得偿所愿的计划，不过，他在剧中仍然是一个有问题的诡计师形象——他必须隐藏自己，而不能真正完成交易。另一方面，赫拉克勒斯则是能够进行和平谈判的人。赫拉克勒斯自己也是半人半神，食欲旺盛，他是另一个像普罗米修斯一样的神话人物，可以协商神、人和野兽之间的界限。虽然，普罗米修斯的神话将其塑造为诡计多端的反叛者形象，有助于阐明神人之间的分离或距离，但赫拉克勒斯的故事为协商这些界限提供了一个更为成功的模式。也许正是基于这个原因，他与普罗米修斯故事的最终妥善处理有如此密切的关联。

阿里斯多芬笔下的普罗米修斯，继续扮演着人类的朋友和众神的敌人，这在很大程度上遵循了赫西俄德和埃斯库罗斯的叙事传统，但又带有一丝喜剧性的夸张扭曲——他那人人皆知的聪明才智，在剧中转化为一种紧张兮兮的警惕。当他上台时，他用衣服遮住了头，手里撑着一把阳伞，在自己和宙斯的注视天眼（watchful eyes）之间维持着一系列的保护层："哎呀，哎呀，我希望，宙斯千万别看到我！"（行1494）几句对白之后，他恳求佩斯特泰罗斯不要提到他的名字："要是宙斯看见我在这里，我可就完了。但如此这番，我可以把天上发生的事情告诉你，拿着我的这把阳伞，把它撑起来，这样天神们就看不到我了！"（行1506—1509）佩斯特泰罗斯钦佩地回答说："对，对——您现在真是深思熟虑——有先见之明！"（行1510—1511）这针对普罗米修斯名字的双关语，让人想起埃斯库罗斯在《被缚的普罗米修斯》中使用了相同的文字游戏。

虽然，阿里斯多芬笔下的普罗米修斯，既不是埃斯库罗斯剧中的高尚反叛者，也不是赫西俄德诗中的狡猾诡计师，但它保留了这两版形象的元素，从而证实了这些元素对于解读普罗米修斯的重要意义。他既是一个聪明的无赖，给人类带来了重要信息，又是一个骨子里的反叛者；最重要的是，他是掌握信息的主人，仍然可以在神和人的世界之间游走——即使藏身在自己的伞下。虽然普罗米修斯在阿里斯托芬的《鸟》中只是一个小角色，但这个角色的喜剧性成功，取决于他在剧中完整呈现了自己的各种神话形象，从而引起了深刻的共鸣——诡计师、反叛者、盗火者、信息的主人和人类的朋友，尤其是雅典人眼中的朋友。

小结

总而言之，普罗米修斯神话令人难以置信的灵活性，让我们再次受到震撼。埃斯库罗斯和柏拉图，彻底颠覆了赫西俄德的普罗米修斯所呈现的衰败和堕落的故事，而阿里斯托芬则将这两大传统进行了一番戏说，达到了喜剧效果。神话中的核心要素仍然存在——普罗米修斯为人类盗取了火种，并因此受到惩罚——但这个神话所讲述的故事却大相径庭。赫西俄德的版本哀叹人类从可与诸神共处的黄金时代的堕落，而埃斯库罗斯和柏拉图的普罗米修斯，则赞颂人类从与野兽并肩的自然状态脱离出来的进步。这一切都取决于各自的立场，尽管他们持有不同的结论，但这些作者都转向普罗米修斯来探讨人类的境况，在神明与野兽之间标出一个属于人类的位置。此外，每位作者都依据将人类与野兽和神明区分开来的制度和实践活动（尤其是农业和祭祀），来阐述人类境况的本质。赫西俄德的《劳作与时日》强调了人类劳作的必要和艰难。另一方面，埃斯库罗斯的《被缚的普罗米修斯》则赞颂了普罗米修斯的礼物使人类取得的那些技术成就——建造房屋、航海活动，等等——并将这些称为进步。柏拉图的《普罗泰戈拉》，突出了使人类在政治群体中共同生活的公民技艺和从简单的生存过渡到更真实、更文明的人类体验。无论是在资源匮乏的时代还是在拥有巨大财富和权力的时代，无论是在悲剧的舞台还是在喜剧的舞台，无论是在神话叙事里还是在崇拜活动中，普罗米修斯的形象帮助了公元前5世纪的雅典人思考作为人类的意义。它将继续在各种历史和文化背景下发挥作用，正如我们会在19世纪和20世纪对普罗米修斯神话的讨论中看到的那样。

普罗米修斯效应

Prometheus Afterwards

四、浪漫主义时期的普罗米修斯

在前面三个章节，我们了解到希腊人对普罗米修斯的赞颂，他们将其视为盗火者、政治反叛者以及人类进步和发展潜能的象征者。赫西俄德笔下的普罗米修斯是一个诡计多端的人物，他对古希腊黯淡凄凉的人类经验负有责任。而在公元前5世纪，普罗米修斯的神话为雅典诗人和哲学家提供了一个富有成效的思考框架，让他们更积极地思考变革（包括政治和思想方面）以及人类在迈向更文明、更繁荣生活中所取得的进步。现在，我们转向浪漫主义时期。普罗米修斯之所以激发了欧洲诗人和作家们的想象，正是因为他拥有反叛者兼人类创造者的双重身份。尽管普罗米修斯在其间的那些年并没完全失宠——在早期基督教传统中，普罗米修斯与基督的形象融合起来被视为人类苦难的双重象征，而且他无疑是弥尔顿（Milton）《失乐园》（*Paradise Lost*）中撒旦形象的重要来源——然而，普罗米修斯身上所汇聚的政治潜力和创造精神对于那些经历了法国大革命的诗人和作家们别具吸引力,他们曾对革命寄予厚望却最终大失所望,正试图在政治和艺术舞台上寻求新的英雄主义模式。

浪漫主义运动起源于18世纪90年代的德国和英国,以创造力、想象和自由为核心关注点,在1800年至1830年期间传播至整个欧洲,尽管经历了相当大的修正。本章不会总体概述普罗米修斯对浪漫主义的影响,而是重点介绍18世纪末和19世纪初的一些有影响力的作家,对这些人而言,普罗米修斯在他们改变世界的愿景展望中发挥了关键作用。在歌德、拜伦和雪莱夫妇(the Shelleys)眼中,普罗米修斯既是抵抗权威的反叛者,又是人类苦难的象征,还是人类的创造者——正是普罗米修斯作为神话原型的丰富内涵使得这一切成为可能。

歌德的普罗米修斯与艺术创造力

约翰·沃尔夫冈·歌德(Johann Wolfgang Goethe,1749—1832)是欧洲浪漫主义的奠基人,他促成了这场运动的爆发,并对其产生了重要影响。这为我们研究浪漫主义时期的普罗米修斯提供了一个很好的开端。歌德是第一位拥有毋庸置疑的欧洲声望的德国作家,他在25岁时(1774年)出版了一部伤感小说《少年维特的烦恼》(*The Sorrows of Young Werther*),并在一系列文学体裁的创作中持续享有漫长而富有成效的职业生涯。歌德生前取得了非凡的文学成就，而他作为"德国艺术的真实及恰当体现"的权威地位，在19世纪时得到了进一步的加强。在1871年的德国统一之后，人们声称，歌德作品中的普遍主义（universalism）和世界主义（cosmopolitanism），帮助德国人摆脱了他们的本土爱国主义（local patriotisms）的束缚，并为他们寻求到一个民族国家的新身份。

在歌德漫长而富有成效的职业生涯中，每隔一段时间便会出现普罗米修斯的神话。1773年，他创作了《普罗米修斯》（*Prometheus*）的两幕诗剧（于1830年出版）。在剧中，普罗米修斯以宙斯的叛逆之子形象出现，他坚持以自己的方式创造人类世界，并教导人类如何应对他所赋予的尘世生活。第二年，歌德以同样的主题为普罗米修斯创作了一首抒情颂歌。普罗米修斯的形象显然深深影响了他的毕生之作《浮士德》（*Faust*, 1773—1832）——两位主人公都是创造者和反叛者，并为人类代言，他们曾是上帝的忠实仆人，后又背离了上帝的教诲，最终又与神性力量达成和解。1808年，在一部名为《潘多拉》（*Pandora*）的探讨人性的史诗片段中，歌德将普罗米修斯塑造为诸神与人类之间永恒冲突的象征，这一改编戏剧性地展现了人性中的争斗力量。

除了这些诗歌作品之外,歌德还将目光投向普罗米修斯的神话潜能,反思自己作为一个年轻人和诗人的经历。在一部名为《诗与真》(*Poetry and Truth*,1813—1814)的作品中,歌德解释说,对他而言,普罗米修斯代表着一个在神与人之间进行调解的天才。正如他所说:"普罗米修斯的寓言,在我心中活灵活现/依照自己的意愿,我将古老的泰坦之网裁剪。"普罗米修斯对作为艺术家的歌德产生了深刻的影响。歌德从(宗教的、父系的、政治的)传统权威来源之中脱离出来,又与同代人的文学审美及政治倾向有些隔膜,他在普罗米修斯的反叛天性和创造能力里找到了个人艺术自治的强大典范。尤其重要的一点,正是普罗米修斯创造人类的行动,而不是他的盗火事件或对宙斯的反叛举动,帮助歌德探索了创作过程的可能性和局限性。艺术家在社会中的角色是什么?创作过程的本质是什么?

虽然普罗米修斯贯穿在歌德的作品之中,但献给普罗米修斯的自由诗(free-verse hymn to Prometheus, 1773)才是他转向普罗米修斯神话的重头之作,歌德以此来赞颂艺术天赋,肯定诗歌才是最高的身份认同。这首诗蔑视朱庇特的权能,转而讴歌人类的创造力。它以一个命令开篇——普罗米修斯向宙斯发起挑战,要求他"遮蔽你的天空"——然后把宙斯的奥林波斯世界与自己的世界进行了一番比较:

可我的大地

你不要乱动,

还有我的茅屋,它非你建造,

还有我的炉灶,它的火苗

让你妒火中烧。

(歌德,《普罗米修斯》,6—11)

这里重复出现的第一人称代词,强调了普罗米修斯和众神之间的敌对关系,以及神界和人界的分离。虽然这首颂诗是由普罗米修斯和朱庇特(Jupiter)之间的对话构成,但朱庇特的声音却并未出现,他的拒绝回应表明,这位神对人类缺乏同情之心。这首诗的唯一声音是普罗米修斯的声音,它在对众神之王的单独挑衅中获得了一种不朽的地位:

要我遵奉你?凭什么?

难道你曾减轻

受苦者的沉重负担?

难道你曾止住

受害者的惊恐泪水?

(歌德,《普罗米修斯》,37—41)

叛逆的泰坦贬低了并不在场的宙斯的权威,既强调了人类的深重痛苦,又突显了朱庇特并不打算减轻这种痛苦的刻意拒绝。歌德以这种方式展示了普罗米修斯在神人之间的斗争中代表后者的坚定立场。正如卡尔·克雷尼所说,普罗米修斯在这里的作用不是作为一个神本身,而是作为"不朽的人类原型,作为最初的反叛者和命运的影响者"(Kerényi,1963: 17)。当众神对人类的痛苦无动于衷、沉默不语、漠然处之的时候,普罗米修斯却以自己的存在为人类设立了榜样。这首诗的结尾如下:

我坐在这里,造人,

依照我的形象,

创造一个和我相似的种族:

去受苦,去哭泣,

去享受,去欢乐——

永不听从于你,

正像我!

(51—57)

由此,歌德的普罗米修斯按照自己的模样创造了人类("一个和我相似的种族"),借用他自身的混合经验来阐明人类经

验固有的双重性。人类既会流泪，也会感到喜悦。歌德笔下的普罗米修斯蔑视诸神，他也是一个叛逆人类种族的典范。像歌

图 7：《普罗米修斯》，马索·菲尼格拉，约 1470—1475 年。钢笔素描，棕色墨水，黑色粉笔加棕色渲染。来源：版权归大英博物馆所有，由谢菲尔德的罗斯金博物馆捐赠（School of Maso Finiguerra［1426—1464］, *Prometheus*, *c.*1470—1475. Pen and brown ink and brown wash over black chalk. Source: Copyright the British Museum. Presented by the Ruskin Museum, Sheffield）

德笔下的浮士德一样，普罗米修斯并没有因为神明的缺席而畏缩不前，而是拥抱这种自主的存在状态，因为他有能力按照自己的形象进行创造。普罗米修斯表达了人类固有的神圣创造力，在这方面，这首诗被一位评论家称为"也许是德国文学史上最自我为中心的文本"。在很大程度上，它也展现了歌德自己的诗歌天赋——他自己的艺术身份，以及他通过诗歌来创造自我的能力。毕竟，这首诗是以第一人称代词**我**（*Ich*）结尾的；它首先促成了歌德自我主张的主体性，然后又对它加以赞颂。借助普罗米修斯，歌德笔下的人类实际上是歌德本人，可以参与创造过程——而这也许是最终极的反叛行动。

政治意义上的普罗米修斯

歌德将普罗米修斯作为个人艺术家创造力的典范来颂扬，这与浪漫主义运动的主题非常吻合；事实上，如我们将看到的那样，其他浪漫主义诗人也拥护普罗米修斯的创造力。然而，歌德在革命结束后脱离了政治运动，这一点使他有别于那些英国浪漫主义诗人，后者将普罗米修斯视为革命和反叛的强力典范。事实上，在18世纪末的英国，诗人所关注的不再是普罗米修斯作为人类创造者的身份，而是他的反叛行动。尤其重要的一点是，作为反抗神明暴政的典范和强有力的苦难象征，普罗米修斯提供了一种思考喧嚣政治世界之复杂性的方式。雪莱和拜伦等诗人意识到，1789—1793年的系列事件改变了他们的生活。他们看到了推翻欧洲腐朽君主制的可能性，受此鼓舞，纷纷为法国大革命的颠覆潜能摇旗呐喊——暴政即将结束，人人都会获得真正的自由。然而，革命的恐怖和拿破仑的独裁，不可避免地震惊了这些诗人，他们渐渐不再相信暴力反抗，而普罗米修斯也在帮助这些诗人思考反叛带来的意外后果——专制、奴役和人类的苦难。

普罗米修斯之所以深受英国诗人的欢迎，一个原因是埃斯库罗斯的新近译本令英国读者更方便接触到他的神话。托马斯·莫雷尔（Thomas Morrell）的《被锁住的普罗米修斯》（*Prometheus in Chains*, 1773）是埃斯库罗斯戏剧的首个英语版本，而1777年理查德·波特（Richard Potter）以散文体翻译了这部戏剧。《被缚的普罗米修斯》在埃斯库罗斯的戏剧中拥有特殊地位，这也许反映了它与18世纪末和19世纪初的政治现实（暴政和苦难）的关联，特别是与拿破仑战争的关联。

埃斯库罗斯探讨了普罗米修斯故事的内在政治性，这一点特别吸引当时的浪漫主义诗人和革命人士。普罗米修斯神话的灵活性可以帮助他们权衡应对权力不平等的不同政治策略：革命还是消极抵抗，逆来顺受还是寄情于乌托邦愿景。尤为重要的一点，普罗米修斯是政治意义上的偶像，这有助于重塑关于权威的相关观念。无论是作为反抗暴政的象征还是人类的恩主，抑或人类苦难的缩影，普罗米修斯都在浪漫主义时期的人类政治经验中占据核心地位。

拜伦勋爵（1788—1824）寄托于普罗米修斯，将其视为敢于对抗人类或神明专制暴政的个人英雄主义的象征。在他的作品中，至少出现了17处关于普罗米修斯的用典。在英国哈罗公学（Harrow School）读书时，少年拜伦接受了丰富的文学教育，包括希腊语和拉丁语诗歌的写作练习。1804年，他将埃斯库罗斯《被缚的普罗米修斯》中的一段合唱段落改写为诗。拜伦写道，他"从小就钟情于"埃斯库罗斯对普罗米修斯神话的戏剧化处理，并以此剧为起点，开始利用这一神话来探讨当时的政治事件。事实上，拜伦笔下的大多数反叛者都是普罗米修斯式的人物；为获得禁忌知识及灵感、自由或权力，他们甘冒任何风险。和歌德一般，拜伦把普罗米修斯的创造力引申为某种典型，象征着诗人的权力以及痛苦，他追求永恒的名声，试图成为：

新人类的新普罗米修斯，
赐予了天庭的火种，却发现，

给予的是快乐，换回的是苦难，

而一切为时已晚。

(《但丁的预言》[*The Prophecy of Dante*]，IV 14—16)

对拜伦而言，普罗米修斯在鹰爪下的受罚可谓是一个极端的例证，象征着他这位诗人在不懂欣赏的公众手中所遭受的苦难。

拜伦的《普罗米修斯颂》(*Ode to Prometheus*, 1816) 以献给这位神的热情颂扬开篇，只有他怜悯人类所承受的苦难：

巨人！在你的不朽之眼看来

人寰所受的苦痛

是种种可悲的实情，

并不该为诸神蔑视、不睬；

但你的悲悯得到了什么报酬？①

(1—5)

拜伦问，普罗米修斯为人类所做的悲悯努力得到了什么回报？明确的答案就出现在两行之后："岩石、饿鹰和枷锁。"

---

① 本章《普罗米修斯颂》的片段，均采用了查良铮先生的译文（出自《拜伦诗选》，上海译文出版社，1982），或有个别词语的调整。——译注

接下来的第二段诗节痛斥那些惩罚普罗米修斯的暴行,只因他向人类施以援手:

> 巨人呵!你被注定了要辗转
> 在痛苦和你的意志之间,
> 不能致死,却要历尽磨难;
> 而那木然无情的上天,
> 那"命运"的耳聋的王座,
> 那至高的"憎恨"的原则,
> 它为了游戏创造出一切,
> 然后又把造物一一毁灭,
> 甚至不给你死的幸福;
> "永恒"——这最不幸的天赋
> 是你的:而你却善于忍受。

(15—25)

拜伦几乎是在追随埃斯库罗斯的脚步,赞颂普罗米修斯卓绝的忍耐力,他承受了宙斯所能施加的所有暴力惩罚("那'命运'的耳聋的王座"),并拒绝屈服于"那至高的'憎恨'的原则"。在拜伦看来,普罗米修斯的罪行是良善之举:为了减轻人类的苦难，这位泰坦巨人勇于挺身而出，公开对抗强大的宙斯。尽管自己遭受着上天的惩罚之苦，但普罗米修斯仍然继续耐心抵抗，"天上和人间的暴风雨／怎能摧毁你的果敢和坚忍"（42—43）。

拜伦认为，这些普罗米修斯式的品质——抵抗和忍耐，是人类的"象征和标志"：

和你相同，人也有神的一半，
是浊流来自圣洁的源泉；
人也能够一半儿预见
他自己的阴惨的归宿；
他那不幸，他的不肯屈服，
和他那生存的孤立无援……

（47—52）

对于拜伦来说，普罗米修斯体现了人类经验的本质——人注定要迎来"他自己的宿命葬礼"，却拥有着一种可以承受任何苦难的反抗精神。即便受到普罗米修斯的庇护，人类也只能挑战丧失黄金时代之后的生存限度而已。因此，人类最终仍被困于"那生存的孤立无援"。对于标志着人类经验的苦难承受，拜伦笔下的普罗米修斯没有提出任何替代方案。相反，在他的故事中，上天、专制和命运结为可怕的三位一体，而对它的必然反抗获得了神话般的高度，最终"把死亡变为胜利"（59）。拜伦的《普罗米修斯颂》强烈抗议一切不公正，同时不遗余力地赞颂这位泰坦神——以及所有敢于与饿鹰抗争到底的其他人（包括他自己）。

拜伦于1816年7月在瑞士撰写他的《普罗米修斯颂》，而陪同他的佩西·比希·雪莱（Percy Bysshe Shelley）也在思考自己的普罗米修斯诗篇。这两位诗人，以及雪莱的妻子玛丽（Marry），在日内瓦湖畔（Lake Geneva）度过了整个夏天，而且，如玛丽·雪莱记述，"拜伦勋爵和雪莱，有过多次长谈"。雪莱本人在日记中指出，穿越阿尔卑斯山的旅程让他想起了埃斯库罗斯的普罗米修斯，它的戏剧场景便设在高加索山。这两位诗人一定在一起讨论过普罗米修斯的当代意义，他们都借助这位神话人物来思量19世纪初期政治图景中的人类位置。他们都摒弃无度的独裁专制，同情被压迫的民众，并向普罗米修斯寻求某种启示，以明确回应当时的政治境况，却各自找到了不同的答案。拜伦专注于当权者的暴政迫害，歌颂饱受苦难的民众和他们的反抗精神，而雪莱则消解了普罗米修斯和朱庇特之间的敌对关系，展望了他的乌托邦愿景，倡导爱以及不抵抗。

雪莱的《解放了的普罗米修斯》和爱的力量

佩西·比希·雪莱（1792—1822）在拿破仑战争的高潮阶段成年，他在政治和宗教等多个层面上叛离了自己所属的贵族阶层。雪莱公开宣称自己是无神论者，因此被牛津大学开除学籍。这件事加上他与乌托邦及其他激进团体的关联，无疑导致了他与父亲的疏离。雪莱创作了三首长篇戏剧诗歌。抨击19世纪初期的政治宗教专制主义，《解放了的普罗米修斯》（*Prometheus Unbound*）是其中的最后一首。这首诗不仅象征着推翻专制统治的革命性胜利，而且象征着人类从政治和宗教的压迫中解脱出来。与自然建立起更加和谐的、富于关爱的关系。

在《解放了的普罗米修斯》中，经过雪莱改编过的普罗米修斯提供了"希望"并将其作为一把拯救人类的关键钥匙。《解放了的普罗米修斯》写于1818—1819年，发表于1820年，是雪莱偏爱的作品之一。雪莱笔下的普罗米修斯仍然是解放人类的英雄，这显然源自埃斯库罗斯笔下的叛逆泰坦神形象，他代表人类反抗宙斯的严苛暴政。然而，在一些重要方面，雪莱偏离了埃斯库罗斯的叙事轨迹。在经受了三万年的折磨之后，雪莱笔下的普罗米修斯。已经认识到了自己仇恨之道的错误，他的叛逆已经成为过去。他不再渴望复仇，也不再为自己寻求权力。新的普罗米修斯之火不再是埃斯库罗斯剧中的革命力量和技术潜能，也不是拜伦诗篇里的叛逆反抗，而是爱的强大力量，它可以彻底改变人类的境况，并带来解放。雪莱对那部遗失的埃斯库罗斯同名戏剧①进行了这种激进的重读，令人们熟悉的反叛者和暴君之间的对抗模式变得复杂起来。他选择的诗名明显是在致敬埃斯库罗斯的三部曲，然而，雪莱在序言中解释说，他的野心不只是还原那部遗失的剧作。相反，他为处于该神话核心的普罗米修斯与朱庇特之间的冲突重新构想了一个结局，试图避免"让人类的捍卫者向人类的压迫者妥协的无力结局"。

雪莱试图为前辈们塑造的普罗米修斯形象正名，其具体做法是将自己的剧情场景设置在那场盗火反叛的多年以后。因此，故事的重心发生了转变，不再是暴君和反叛者之间的冲突，而是聚焦于更加理想化和更具建设性的生活模式，解除了任何层面的专制约束——政治、思想或宗教上的束缚。因此，雪莱笔下的普罗米修斯与其说是对暴政体制的哀叹，不如说是对逃离暴政体制的想象。经过多年的苦难磨砺，雪莱笔下的普罗米修

---

① 此处提及的埃斯库罗斯同名悲剧，是指残篇《被释放的普罗米修斯》（*Prometheus Unbound*），雪莱的这部诗剧选用了同样的英文译名，但其中文译名为《解放了的普罗米修斯》。——译注

斯获得了某种救赎,他已经成为"道德和智慧的至高完美的化身,为最纯洁、最真实的动机所驱使,心怀最美好、最高尚的目的"。

在这首长诗的开篇,普罗米修斯"被钉在这堵飞鹰难越的悬崖上"(1.20),身处印度高加索山区,那里是文明的摇篮,可以唤起剧中的新世界憧憬。普罗米修斯经受了朱庇特三万年的折磨,但他依然桀骜不驯。这部诗剧的情节相当简单:它以普罗米修斯对朱庇特的谴责开场,他的统治让人类心里满是"恐惧、自责和贫瘠的希望"。他公然反抗朱庇特,但提议采取新的方式去抵制其暴政。雪莱笔下的普罗米修斯召唤出朱庇特的幻影,再次说出他对专制神王的诅咒,然后将其撤销。普罗米修斯自己也看到了他先前的仇恨和复仇欲望的错误,并希望"所有生命都不再遭受苦难(1.1.305)"——甚至包括朱庇特。当墨丘利(Mercury)招来复仇女神(the Furies)企图引诱普罗米修斯堕入绝望之时,普罗米修斯坚决抵抗并将全部的信念寄托于爱的力量:"我说,除了爱,所有的希望都是虚妄。"(1.824)

亚细亚是普罗米修斯的妻子,也是雪莱故事中的女性对照,她是第二幕的主角,雪莱在这一幕中改写了赫西俄德关于人类种族时代的叙述。在这一幕的结尾,亚细亚来到了冥王德摩根(Demogorgon)的洞穴——一个暗黑的问题人物,哈罗德·布鲁姆(Harold Bloom)称他为"戏拟精灵(the Spirit)的邪灵"——

在那里，两人进行了交谈，讨论生命世界的创造和人类的种族时代。首先是黄金时代，那时候人类的幸福是不成熟、不完整的。然后，朱庇特掌权，普罗米修斯"赋予了他统治广袤天空的权力"，并嘱咐他"让人类自由"（2.4.45—46）。可是，在朱庇特的统治之下，人类开始经历苦难和纷争，于是普罗米修斯出手干涉，"唤醒了人类的种种希望"。为此，按照这神话的必然走向，他受到了朱庇特的惩罚。

在第三幕中，朱庇特在冥王德摩根手中坠入深渊，赫拉克勒斯解开了普罗米修斯的枷锁，带他回到了亚细亚的身边——从而引入了雪莱对回归黄金时代的憧憬，在那个时代，"王位无主，人人并肩而行／宛如一群精灵"（3.4.131—132）。接下来的最后一幕，颂扬了人类之爱的力量，"它所凝视的地方，皆变天堂"（4.128）。精灵合唱团宣称：

> 我们要在人类的新世界里，
> 去获取我们的计划，
> 我们的工作叫作"普罗米修斯事业"。

（4.156—158）①

---

① 此处参考了邵洵美的译文，略有改动（译名为《解放了的普罗密修斯》，上海译文出版社，1987）。——译注

如雪莱在本诗序言中解释的那样,他的意象"取材于人类思维的运作",虽然剧情可能很简单,但所涉及的思想理念却相当复杂。在雪莱看来,主导着政治思想的对立划分(oppositional categories)过分简单化,而普罗米修斯神话模棱两可的丰富性使他得以重新思考这些问题。雪莱笔下的普罗米修斯,重新审视最近的历史事件而描绘出一个更好的结局,他跳出周期性的革命循环去展望一个没有"王位、祭坛、审判席和监狱"的世界(3.4.164)。在这个新世界里,这些和权力、恐惧以及仇恨的其他附属物一起"站在那里,不是被推翻,而是现已无人问津"(3.4.179)。

暴君与反叛者、主人与奴隶这些古老的阵营划分,并未在普罗米修斯和朱庇特的永恒对立中得以巩固;相反,它们开始互相融合。当然,朱庇特被描述为一个无所不能的暴君。他将自己的帝国建立在"和地狱相伴而生的恐惧"(3.1.10)之上,并以此为荣。他的惩罚过于严苛,不过,雪莱笔下的朱庇特依然是一个奴隶——一个被邪恶驱使的奴隶。如冥王德摩根(Demogorgon)所言,"一切供邪恶驱使的精灵都是奴隶"(2.4.110)。在这方面,雪莱与他那个时代的其他政治理论家意见一致,都认为暴政本身是一种奴役——暴君被自己的贪得无厌、仇恨和邪恶所支配,失去了自我控制,而无法成为更良善的人。按照这种思路，雪莱也将朱庇特描绘成一类反叛者。毕竟，朱庇特是通过反叛而夺得王位的，他杀死了自己的父亲，以一个暴政取代另一个暴政。不仅如此，他还把自己树立成最高统治者，这本身就是对公众意愿（the common will）的反叛行为。因此，雪莱是把朱庇特而不是普罗米修斯确立为剧中真正的反叛者。

而普罗米修斯本人已经放弃了自己的叛逆角色，收回了对朱庇特的诅咒：

这些话，我说来悲伤，
而非出于狂妄，因我不再愤恨
如从前那般，痛苦给了我智慧。
当年对你的诅咒，我愿撤回。

（1.56—59）

这里的普罗米修斯，不再代表《被缚的普罗米修斯》中的反抗精神，而是以消极抵抗、宽恕以及爱的形象出现。通过撤销诅咒，普罗米修斯认识到，关于本剧开篇的那些纷争，他和朱庇特都负有责任。他的判断失误，让自己成为朱庇特暴政的帮凶，给人类带来了苦难，犯下了重大过失。雪莱笔下的普罗米修斯与朱庇特的暴政有一定牵连，因为是他很不明智地赋予了朱庇特统治权，应为这个错误的判断担当罪责。朱庇特依然是自身的傲慢和复仇欲望的奴隶，普罗米修斯却通过放弃诅咒而获得了自我解放。因此，雪莱的诗剧背离了埃斯库罗斯的初衷，后者打算以一套三连剧让暴君和反叛者取得和解。

除了重塑普罗米修斯和朱庇特的形象之外，雪莱还重新定义了人类在这一神话中的角色，他强调不是朱庇特有意挫败人类，而是人类自我奴役以及自我解放。雪莱并不主张革命，而是寄望于普罗米修斯，以构想一条摆脱无休止暴政循环的出路。他的目标是创造一个新的黄金时代，让人类享有政治平等；每个人都是自己的国王：

> 没有王权，自由，无拘——只是"人"：
> 有平等，无阶级，无宗族，无国家；
> 免于敬畏、崇拜、等级；他是自己
> 的国王；公正、温和、智慧——只是"人"。
>
> （3.4.194—197）

因此，人成为自主的代理人，是自己故事中的参与者，而不是政治虐待的受害者或神明庇护的接受者。

普罗米修斯、朱庇特和人类是普罗米修斯神话中的主要人物，通过重构他们的角色和关系，雪莱利用该神话传统来挑战这样一种假设，即神圣君主制是人类政治领域的最佳运作模式。雪莱没有像拜伦那样歌颂推翻严酷暴君的反叛者普罗米修斯，也没有像埃斯库罗斯那样试图调和反叛者和暴君，而是为新的思想革命描绘了一幅蓝图。在这场革命中，普罗米修斯的后代将自己从牧师和国王的权威中解放出来——人成为"自己的国王"。雪莱只用了四行诗来描述赫拉克勒斯释放普罗米修斯的行动，因为这场神话般的拯救在另一个意义重大的行为面前黯然失色，那便是普罗米修斯撤销了自己对朱庇特的诅咒。而雪莱坚持认为，人类有能力改变自身的政治命运。由此，他让普罗米修斯选择放弃循环往复的怀恨复仇，而选择普遍平等与和谐共生。雪莱以更理想化的希望和爱的信条，取代了拜伦对普罗米修斯蔑视上天、命运和仇恨的关注。普罗米修斯的思想变化使他所象征的那些人类的生活发生了巨大转变。雪莱改写了这则神话的传统，主张人人平等，并强烈谴责暴力革命。暴力只会导致更多的暴力，人类要摆脱暴政的枷锁，而不是某个特定暴君的枷锁。

普罗米修斯和拿破仑

普罗米修斯的神话,以其模棱两可的复杂性和对权力运用及滥用的关注,引起了某些诗人的特殊共鸣,他们正着手应对

图8:《现代普罗米修斯,或暴政的垮台》,乔治·克鲁克尚克,伦敦,1814年。来源:版权归大英博物馆所有(George Cruikshank, *The Modern Prometheus, or Downfall of Tyranny*, London 1814. Source: Copyright the British Museum)

拿破仑这位传奇人物,一个27岁的人类佼佼者,他抓住了革命机会,并着手掌控多个国家的命运。也许正是想到了拿破仑,

雪莱的《解放了的普罗米修斯》谈到了反叛者、解放者和暴君之间的细微差别——详细阐明了旧制度（ancien regime）和拿破仑帝国的危险所在。如一位学者指出，

> 注视着这场革命最初所怀抱的希望，看到它们化作拿破仑缀有雄鹰标志的罗马骑装，接下来见它们撞上了圣赫勒拿岛（ST. Henelan）的岩石，而后灰飞烟灭，仿佛是端详着普罗米修斯并在他的形象里发现朱庇特的幻影。

（柯伦，1986: 446）

浪漫主义诗人唤起了不同形象的拿破仑，这构成了他们狂热参与当时政治文化议题的重要经历。他们极力追捧拿破仑，将他当作权力的象征，把他神魔化——所有这些，都是为了表明他们自身的政治立场，也是为了阐明他们的自我概念以及诗人应承担的角色。因为在那个时代，拿破仑是英雄的至高化身，而艺术家也越来越被视为英雄。拿破仑的某些天赋品质——精力充沛，敢于想象，英勇无畏——也是当时的诗人和作家喜欢赋予自己的品质。于是，拿破仑的人物形象被卷入到浪漫主义时期一场关于诗意与政治力量的相对价值的关键辩论。拿破仑这位充满活力的公众人物既复杂又矛盾，浪漫主义诗人在诗歌

中设法处理这些问题时，会求助于大量的历史和神话类比，包括意料之中的普罗米修斯。

例如，拜伦的《拿破仑颂》（*Ode to Napoleon Bonaparte*），这首诗写于1814年，正值这位统治者退位之时，它援引了普罗米修斯的形象，试图恢复诗人自己对拿破仑的信心。这首颂歌弥漫着紧张和冲突的意象，拜伦对拿破仑的吹捧和贬低轮流上演。他借用了吉本（Gibbon）的《罗马帝国的衰亡史》（*Rise and Fall of the Roman Empire*）中的一句警言，把拿破仑失去权位的过程写成了史诗；但他又试图挽回这位皇帝的一些神力，把被囚禁在厄尔巴岛（Elba）的这位战败指挥官描述成那位被锁在高加索山上的强大泰坦神。这首诗以诗人痛苦幻灭的严词控诉开篇，但在颂诗的最后一节，拜伦抒发了他对这位堕落统治者的钦佩之情，将拿破仑比作顽抗到底的普罗米修斯：

或者，像那个天庭的偷火贼，
你是否也经得住震惊？
你能否像他，永不被赦罪，
忍受他那岩石和恶鹰？
为上帝所遗弃，为人们所诅咒，
你的最后行径虽然不是最丑，

普罗米修斯

却是魔鬼的一大嘲弄；

他被贬的时候没有丧失荣誉，

如果是凡人，他会骄傲地死去！

(136—144)[①]

有些人认为，这首颂诗是对拿破仑的批判，因为他背弃了普罗米修斯的精神——为了寻求个人权力和荣耀，放弃了自己的自由信条（liberty and freedom）。另一些人的看法则恰恰相反，他们认为，拜伦在这里为拿破仑勾勒出一个新的英雄角色——并延伸到诗人自己。通过把拿破仑塑造成一个普罗米修斯式的人物，拜伦将这位跌下王位的统治者与自由和反抗联系起来，并暗示了他的最终胜利。拜伦将拿破仑的投降行为改写为反抗行动，为其赢得普罗米修斯的地位提供了可能。由此可以看出，拜伦试图挽回拿破仑的形象并视其为力量的象征，这也是他重新定义自我的策略。活在一个让他深感疏离隔膜的社会，当拜伦审视深处其中的个人定位时，他求助于退出世界舞台的拿破仑来帮助自己厘清诗人身份。

1821年拿破仑去世后，诗人兼艺术家威廉·布莱克（William

[①] 此处选用了查良铮先生的译文，出自《穆旦（查良铮）译文集》第3卷，人民文学出版社，2005年。——译注

Blake）在《拿破仑的精神世界》(*The Spiritual Form of Napoleon*)中，将这位帝王画成普罗米修斯的模样。虽然这幅画已不复存在，但1876年的某段描述显示，在这幅作品中，拿破仑"体魄雄健，一手抓向太阳，一手抓向月亮，而他的一只脚却被锁于地面，眼前的满地尸骸一直铺到他的身边"。布莱克的史诗也将拿破仑的命运汇聚到历史寓言的层面：布莱克笔下的普罗米修斯是兽人奥克（Orc），他奋起反抗天神乌里森（Urizen），然后像拿破仑那般变成了另一位暴君。尽管拿破仑废除了德国的旧制度让大帝国（the Empire）①最终解体，但歌德自始至终都是拿破仑的仰慕者，其部分原因在于他迷恋天才的强烈个性。普罗米修斯神话的话题广度和隐含深意，与浪漫主义诗人及艺术家们关注的核心问题尤其契合。拿破仑在世界舞台上扮演了一个复杂的角色——他带来了希望以及苦难，从一个革命者转变为一位皇帝——而公众幻想中的拿破仑，拥有许多不同的面貌，而普罗米修斯式的神话人物形象，是其中一个重要呈现。

《弗兰肯斯坦——现代普罗米修斯的故事》

在《解放了的普罗米修斯》中，雪莱利用普罗米修斯来消

---

① 神圣罗马帝国（962—1806）。——译注

解这一父权神话，不仅是在理论上，而且在当时的历史人物拿破仑身上有所体现。在雪莱看来，这种政治行动从本质上来说是一种想象。因为，如他所宣称的那样，"诗人是未被承认的世界立法者"。雪莱的《解放了的普罗米修斯》中的象征意义，也超越了政治层面，他的普罗米修斯挣脱掉了朱庇特的锁链而获得了自我解放，这一形象被用以代表人类灵魂中的某种力量，这些力量汇集起来，可以释放人类的创造能力，并恢复他们的想象自由。如我们前文讨论歌德时所看到的那样，普罗米修斯是一个强有力的象征符号，它意味着想象力可以破除传统神话的枷锁，以及我们熟悉的关于世界和人类在其中位置的惯性设想。对许多浪漫主义诗人来说，普罗米修斯的故事激发了富有想象力的艺术，引发了他们对自我憧憬的详尽阐释，即一个桀骜不驯而又富有创造力的诗人/艺术家——一个终极盗火贼。

或许可以说，玛丽·雪莱（Mary Shelley）的《弗兰肯斯坦》（Frankenstein），对普罗米修斯神话的创造性一面进行了比较权威的艺术处理，其副标题为"现代普罗米修斯的故事（The Modern Prometheus）"。在本章的最后，我将透过玛丽·雪莱的这本哥特式小说的扭曲镜头，重新审视这一主题，因为她为普罗米修斯神话的创造性力量提供了最有力的佐证，即使她对此提出了质疑。玛丽·沃斯顿克拉夫特·雪莱（Mary

Wollstonecraft Shelley,1797—1851)是两位杰出的文化名人威廉·戈德温(William Godwin)和玛丽·沃斯顿克拉夫特(Mary Wollstonecraft,生下女儿后便溘然长逝)之女。她与父亲的知识分子朋友们为伴,在家中受到了良好的教育,期待自己能成为父母那样的作家。1812年,玛丽遇到了父亲的学生佩西·雪莱,两年后和他私奔去了法国。他们在那里度过了艰难的几年。随后,玛丽·雪莱陪同丈夫来到了瑞士,遇见了拜伦。正是在那里,她萌生了创作那本最著名小说的想法,去讲述一场科学实验失误所造成的可怕后果。拜伦提议他们各自写一个鬼故事,为回应这个挑战,玛丽·雪莱开始撰写手稿,并在1818年以《弗兰肯斯坦——现代普罗米修斯的故事》为题,首次匿名出版。由玛丽·雪莱修订的新版本,于1831年问世。

109

玛丽·雪莱解释说,她听了几个小时丈夫和拜伦关于"生命原理(the principle of life)"的谈话,之后便开始写她的"鬼故事"。她运用自己鲜明生动的想象力,将他们对各种复活尸体方法的逼真推理转化为一部扣人心弦的小说。其讲述了某种发明创造的力量,它可以"赋予不着边际的黑暗物质以形体"。和她之前的其他人一样,玛丽·雪莱也求助于普罗米修斯这位神话中的人类创造者,以探索关于生命创造的种种可能及其本质的问题。其创作灵感,可能源自英国哲学家和政治家沙夫茨伯里勋爵（Lord Shaftesbury），他在 1709 年的作品《道德家》（*The Moralists*）中多次提到普罗米修斯是最初的人类创造者，其中的一些看法似与《弗兰肯斯坦》有直接关联。例如，他认为，普罗米修斯对人类的不完美负有责任：

> 你用你盗来的天火，混合了肮脏的泥土，如此藐视天庭，竟以不朽之神的姿容，贸然制造出一个复合人；那可悲的凡人，对自己作恶，也是所有事物的祸害。
>
> （转引自斯莫尔，1972: 51）

受过良好教育且富有文化修养的玛丽·雪莱，可能也读过歌德的普罗米修斯诗作，或者看过 1801 年正在维也纳上演的贝多芬（Beethoven）芭蕾舞剧《普罗米修斯的生民》①（*The Creatures of Prometheus*）。与自己的丈夫不同，玛丽·雪莱将目光投向了普罗米修斯这个角色的创造能力，并提出了关于艺术及科学想象的极限边界的重要问题。

18 世纪末，人们热衷于谈论政治议题，除此之外，它还是一个科学乐观主义盛行的时代。玛丽·雪莱将现代普罗米修斯的故事设定在一个科学家的工作室内，这位野心勃勃的科学家

---

① 另一个常见译名是《普罗米修斯序曲》。——译注

创造出了生命，却发现他的创造物拥有自己的独立思想。这部小说由三个环环相扣的故事组成，每个故事都有自己的叙述者，他们三位都是人类及其生存环境的探索者。第一个叙述人是沃尔顿（Walton），一位准北极探险家，在他准备加入一支北极探险队的期间，给自己的姐姐写了些信。他的船受到冰层的阻碍而搁浅，后来，水手们把一个疲惫不堪的人救上了船，那人发现沃尔顿与他志趣相投，便吐露了自己的警世故事。

第二位叙述者是维克托·弗兰肯斯坦（Victor Frankenstein）。他告诉沃尔顿，自己渴望了解"天地之奥秘"，受此驱使，发现了创造生命的秘诀。在实验室里度过了许多漫长的夜晚之后，他的创造物（未被命名，通常被称为怪物或恶魔）获得了生命。弗兰肯斯坦承认，自己极度憎恶他的实验品，立刻逃离了实验室，怪物也消失了踪迹。但弗兰肯斯坦又解释说，他很快便得知自己的年幼弟弟被人谋杀。回到家中，他瞥见了怪物的身影，怀疑他是杀死弟弟的凶手，而事实也确是如此。最终，两人在夏慕尼（Chamonix）的冰川上正面相逢，怪物迫使自己的创造者听一听他的故事。

于是，从小说的这里开始，怪物担当起了叙述者，诉说关于他自己的创造故事。他以令人难以置信的自我意识，描述了自己的一步步成长和发展，其中有部分源自他对一个家庭的敏锐观察，他是透过墙缝窥视这个家庭。他解释说，自己对这个家庭产生了感情，但去接近他们时，却遭到了同样的拒绝。他带着更深的怨恨动身前往日内瓦。在那里，他遇见了一个小男孩并抓住了他，打算"把他培养成自己的同伴和朋友"。而当他发现这男孩是自己创造者的弟弟时，便在暴怒之下杀了他。故事讲到此处，怪物看向了弗兰肯斯坦，企图唤起他的公正之心，恳求他为自己造一个女伴，并承诺一旦得到这个女伴，他将逃离人类社会到最野蛮的地方去生活，不会再伤害任何人。弗兰肯斯坦勉强同意给他造一个女怪物，但是后来，弗兰肯斯坦接过了话头并解释说，在最后一刻，他改变了主意，担心这对怪物的结合会产生一个畸形的种族。怪物开始报复，先是杀死了弗兰肯斯坦最好的朋友，然后在他的新婚之夜又勒死了新娘。弗兰肯斯坦说，他一路追捕怪物而踏入北极地带，直到被沃尔顿发现和拯救，他承诺要完成消灭怪物的任务。

小说的最后部分，接回了沃尔顿的叙述——他讲述了自己与弗兰肯斯坦日益增长的友情，以及越来越危险的北极探险活动。他描述了弗兰肯斯坦的离世以及怪物的最后现身，他前来追悼自己的创造者。然后，怪物离开了，消失在北极的黑夜中，承诺会自我毁灭。

虽然，这部小说在很大程度上是其时代的产物，回应了法国大革命的恐怖现实和科学探索的乐观承诺，但时至今日，它依然让我们感到震撼，因为它提出的那些问题仍然困扰着我们。这个无名怪物是一个复杂的象征，它象征着文明表面之下的那些恐惧——战争、暴力、压迫——以及人类对爱和情感的基本需求。但最重要的是，这部小说提出了经久不变的普罗米修斯式问题，即无节制科学研究的潜在风险和创造过程的自身局限——当人类以隐喻的方式窃取火种并篡夺神圣的创造力时，它涉及了怎样的道德问题？

同样，正是普罗米修斯神话形象的模糊性促使玛丽·雪莱提出了创造过程中的这些棘手问题。谁是创造者？谁是创造物？他们之间的关系是什么？首先，维克托·弗兰肯斯坦拥有许多类似普罗米修斯的特质。他想成为人类的恩人；他在科学研究中反抗既定的秩序，而且，他似乎是从天上偷来了创造人类的能量。如他所言，"我带着几乎是痛苦的焦躁把制造生命的工具收集到身边，准备把生命的火花注入躺在我脚边的这具毫无生气的东西之中"（38）。像普罗米修斯一样，弗兰肯斯坦最终成功地创造出了新的生命，而他那可怖的创造物给所有他试图帮助的人带来了死亡和毁灭。

而同时，这个怪物也展现了一些普罗米修斯的特质。他发现了火；像埃斯库罗斯笔下的普罗米修斯那样，他知道一个会威胁到他主人的婚礼秘密；此外他还被判处了一种被强加的生存状态，在他的创造者手中蒙受苦难。更有意味的是，当怪物和弗兰肯斯坦第一次正面相逢时，他向对方讲述的故事具有强烈的普罗米修斯色彩——它明确了人类脱离兽性生存后所取得的阶段性进步，而这要归功于普罗米修斯的礼物。

怪物告诉他的创造者，从弗兰肯斯坦的实验室里逃出来后，他被迫在荒野中独自游荡，捡地上的浆果充饥，喝小溪里的水解渴。他说，"我是一个穷困、无助、悲惨的可怜虫"（80），勉强裹着几块破布，几乎衣不蔽体。他先是慢慢有了基本的感官体验，接着又感受到了快乐和惊奇。但他解释说，自己的智力仍未得到发展："我脑袋里乱作一团，没有任何明确的想法。"（80）怪物的这番话，密切呼应了普罗米修斯在埃斯库罗斯剧中发表的演说，这位神以几乎同样的措辞描述了在他介入之前的人类状态：

从前他们徒有耳目，却视而不见，听而不闻，如同梦幻中经常出现的种种浮影，在浑浑噩噩中度过漫长的一生……像渺小的蚁群那般，住在终日不见阳光的洞穴深处。

（埃斯库罗斯，《被缚的普罗米修斯》，447—453）

玛丽·雪莱的怪物解释说，他也曾在自然界游荡，并完全融入其中，直到在一个寒冷的夜晚，他发现了流浪乞丐留下的一个火堆（81）。火的热度让他印象深刻，他很快学会了自己生火，并随后学会了煮熟食物而不再生吃。接下来，他发现了容身之所的好处，并像普罗塔戈拉的普罗米修斯神话中的人那样，了解到人类可以结为群体，从而获得更有利的共同生活。他随后的教育和社会交往经历再次遵循了埃斯库罗斯笔下的普罗米修斯的脚步，将他的火种和技术礼物覆盖到所有学习以及技艺习得。

简而言之，我们可以将怪物最初经历的延伸叙述看作是人类进化进程的寓言。具体来讲，它重现了人类发展和进步的故事，正如埃斯库罗斯的《被缚的普罗米修斯》和柏拉图的《普罗泰戈拉》中的普罗米修斯神话所详述的那样。虽然怪物未能完成从野兽到文明人的最终转变，但他的叙述表明，他知道要成为真正的人需要什么（教育、社会交往、爱）——以及自己在这方面的失败。如果说，弗兰肯斯坦模拟了普罗米修斯创造人类的叛逆行动，那么，怪物则具现了普罗米修斯对人类进步的描述。然而——这是玛丽·雪莱对该神话令人震撼的反常处理——双方都没有取得完全意义上的成功。

鉴于普罗米修斯神话本身的核心张力，弗兰肯斯坦和怪物都表现出了普罗米修斯的特质，这一点并不奇怪。普罗米修斯人物形象的复杂性——既是人类的创造者和拯救者,又是人类苦难的象征——让玛丽·雪莱的小说具备了某种道德上的模糊性,使之有别于其他颂扬普罗米修斯创造力的浪漫主义作家的作品。在她丈夫的《解放了的普罗米修斯》中,普罗米修斯是一个非常纯粹和高尚的人物,他重新创造了一个人人自由、无阶级的人类境况,而在《弗兰肯斯坦》中,创造者和创造物都被认定为普罗米修斯,而且他们双方在道德上都不纯洁。该小说探讨了让人心悸的力量感,一种克服相关阻碍、践行创造行动的能力,即便它对创造者的无力和隔绝之感表示同情。此外,随着小说的剧情展开,创造者和创造物,即弗兰肯斯坦和怪物,渐渐融为一体。怪物成为暴君,是死亡的创造者,将自己的破坏力凌驾于他的主人之上,而弗兰肯斯坦则成为自己的创造物的奴隶,遭受其折磨。

小说营造的普罗米修斯意象,显示出它对浪漫主义创造力概念的复杂批评。玛丽·雪莱的《弗兰肯斯坦》表明,普罗米修斯所象征的创造力危险且不可预测。身为科学创造者的弗兰肯斯坦,他的动机有一种执着的占有欲,这削弱了他所宣称的纯粹恩惠之举。一开始的慷慨,很快就变成了控制。后来我们发现,弗兰肯斯坦对科学研究的极端投入导致了他与正常社会的隔绝。他对自己的朋友和家人置之不理,埋头在黑暗沉闷的实验室里狂热地工作。科学家在这种境况下开展实验又使用了源自解剖室和屠宰场的材料，当他最终直面自己的创造成果时深感厌恶，这并不令人感到意外。他解释说，"我根本无法忍受他的丑陋模样，急忙冲出了实验室……"（39）

因此，弗兰肯斯坦的创造行动，充斥着造出畸形怪物的可能。连同怪物对自己做人失败的自觉性反思，弗兰肯斯坦的"科学"研究提出了关于创造过程的边界与必要的伦理责任的重要疑问。而我们将在下一章看到，这些疑问会继续挑战 21 世纪的创造性科学研究。玛丽·雪莱对创造过程的深沉思考揭示了再造人类之愿景的隐秘阴暗面，而恰恰是这一愿景激发了浪漫主义神话制造者的丰富想象。他们寄情于普罗米修斯并以他的形象来肯定和歌颂孤立的、富于创造力的艺术家的角色定位，玛丽·雪莱对这些人发起了挑战并提出，对于艺术家而言最可怕的事情莫过于他将自身的创造力置于自己对人类的责任之上。

歌德和拜伦援引普罗米修斯来赞美诗人的创造能力，而玛丽·雪莱则强调创造精神本身的潜在问题——它往往具有强迫和暴虐的一面。在普罗米修斯身上，玛丽·雪莱整合了处于浪漫主义视野核心的两类意象：借助怪物，她引出了普罗米修斯是人类的象征，即受苦的创造物；而通过弗兰肯斯坦，她让人想起身为强大创造者的人类形象。通过受苦创造物与全能创造者的形象叠加，她反转了浪漫主义的创造神话，引发了保罗·坎托（Paul Cantor）所说的"浪漫理想主义的噩梦"。

小结

汉斯·布鲁门伯格（Hans Blumenberg）在《神话研究》（*Work on Myth*）中主张，普罗米修斯故事的核心是关于权力分封的基本神话（fundamental myth），其中普罗米修斯象征着人类的希望。当然，对英国浪漫主义诗人拜伦和雪莱而言，他们正忙于应对法国大革命的政治承诺和灾难后果，而普罗米修斯的神话正是一个非常有用的概念工具，帮助他们重新构想权力关系和人类境况。另一方面，对于歌德和玛丽·雪莱来说，普罗米修斯的创造能力，即他作为人类的创造者的形象，是深度思考创造过程（包括它的力量和局限）的一个富有成效的起点。作为天庭的盗火者，普罗米修斯象征着所有为自身的政治权力和自治权益而抗争的人类；作为光明的使者，他代表着人类挣脱了政治、道德和宗教的约束；作为救世主，他是人类至臻完美的希望，而作为创造者，他颂扬了可以赋予生命并将世界改造为更美好居所的人类力量。

五、现代社会中的普罗米修斯

在最后一章中,我们将讨论20世纪的普罗米修斯。在一个由数字技术、可以延长生命的非凡医学和科学突破以及持续不断的技术革新所主导的时代,普罗米修斯继续在集体心理(collective psyche)叙事中赫然耸现,这应该不足为奇。20世纪的普罗米修斯揭示了哪些主题和问题呢?这个时期的普罗米修斯,讲述的是埃斯库罗斯的进步故事,还是赫西俄德式的衰退故事?在普罗米修斯的浪漫主义概念中占据重要地位的政治议题,是否在20世纪末期依然引人关注?普罗米修斯是否仍然象征着创造冲动?仔细看看英国诗人和剧作家托尼·哈里森的电影《普罗米修斯》(1998),我们便会发现,所有这些问题的答案都是非常肯定的。哈里森的电影以英国北部的煤矿工人罢工为背景,将技术、工作和艺术创作列为20世纪普罗米修斯的三大关键主题。此外,哈里森回溯了雪莱的《解放了的普罗米修斯》,并在埃斯库罗斯更为乐观的神话改编之上添加了一个赫西俄德式的转折。因此，他的电影为我们提供了一个机会来反思我们在本书前几章所强调的主题。

艺术中的普罗米修斯

图9：《普罗米修斯》，湿壁画，何塞·克莱门特·奥罗斯科，1930年。波莫纳学院，克莱蒙特，加利福尼亚州。来源：感谢波莫纳学院艺术博物馆提供图片（José Clemente Orozco, *Prometheus*, 1930. Fresco mural, Pomona College, Claremont, CA. Source: Photo courtesy of Pomona College Museum of Art）

在整个20世纪，作曲家和编舞家、视觉艺术家、剧作家和导演都在不断转向普罗米修斯，来帮助他们描述人类存在的本质。首先，仔细看一看音乐和舞蹈领域。1909年，有时被称为首位当代作曲家的俄罗斯人亚历山大·斯克里亚宾（Alexander Scriabin），写过一部名为《普罗米修斯》（*Prometheus*）或《火之诗》（*Poem of Fire*）的交响曲。现在，在21世纪初，普罗米修斯的名字被一家公司征用，即普罗米修斯音乐公司（Prometheus Music），该公司专门制作有关太空探索、科幻作品和幻觉之类的音乐。在舞蹈方面，英国皇家芭蕾舞团（Royal Ballet）的创始人和总监妮内特·德·瓦卢斯（Ninette de Valois），借用贝多芬的音乐编排了芭蕾舞剧《普罗米修斯》（*Prometheus*），该剧于1936年在萨德勒之井（Sadler's Wells）剧院首次演出。1970年，她的同事和继任者弗雷德里克·阿什顿（Frederick Ashton）编排了《普罗米修斯的生民》（*The Creatures of Prometheus*），由约翰·兰奇贝里（John Lanchbery）作曲（改编自贝多芬的原作），首次在波恩（Bonn）演出。如今，马萨诸塞州（Massachusetts）顶尖的现代舞蹈团之一，征用了普罗米修斯的名字。

在视觉艺术方面，1919年，马克斯菲尔德·帕里什（Maxfield Parrish）设计的普罗米修斯。出现在通用电气公司的马自达（Mazda）台灯日历上。1930年，墨西哥壁画家何塞·克莱门特·奥罗斯科，在波莫纳学院（Pomona College）的餐厅（the Refectory），绘制了一幅不朽的普罗米修斯壁画（图9）。奥罗斯科画中的普罗米修斯正在盗取天火，身处于分裂的人群之中——有些人欣然接纳他的礼物，有些人则面露恐惧，转过身去。1933年，保罗·曼希普（Paul Manship）受托在新落成的洛克菲勒中心（Rockefeller Center）创作了一个正骄傲地高举火炬的镀金的普罗米修斯喷泉铜雕，成为该中心更宏大的主题"开拓新疆域和推进新文明（New Frontiers and the March of Civilization）"的一部分（图10）。1936年，雅克·利普希茨（Jacques Lipchitz）的雕塑"扼杀秃鹰的普罗米修斯"（Prometheus Strangling the Vulture）在巴黎世界博览会上展出（图11）。盗火的普罗米修斯也吸引了英国艺术家彼得·德·弗朗西亚（Peter De Francia）的想象，他于1982年画了一幅该主题的素描（图12）。1999年，多媒体艺术家马克·沃林格（Mark Wallinger）创作了一个名为《普罗米修斯》（*Prometheus*）的视频投影装置，通过反复播放一段艺术家坐在电椅上的视频，将普罗米修斯的永恒惩罚移植到了20世纪。

普罗米修斯也曾多次亮相于各类舞台。1927年，纽约的一群希腊知识分子和民族主义者即德尔菲团体（Delphic Circle），在德尔菲上演了埃斯库罗斯的《被缚的普罗米修斯》，展现了他们推崇知识精英统治（intellectual aristocracy）和世界和平的宏大乌托邦愿景的一角。1967年，乔纳森·米勒（Jonathan Miller）在耶鲁剧院（Yale Repertory Theater）导演了由罗伯特·洛威尔（Robert Lowell）操刀的埃氏这部戏剧的散文体改编版，其背景设定让人想起西班牙宗教裁判所（Spanish Inquisition），从而把宙斯的暴政与其他独裁政权关联起来。1968年，卡尔·奥尔夫（Carl Orff）的歌剧《普罗米修斯》（*Prometheus*）被搬上慕尼黑的舞台，它将一张放大的普罗米修斯面孔投射在

图10.《普罗米修斯》，保罗·曼希姆，1933年，纽约洛克菲勒中心。来源：大卫·哈伊的摄影图片（Paul Manship, *Prometheus*, 1933. Rockefeller Center, New York. Source: Photo courtesy of David Hay）

锁住这位泰坦神的岩石之上。而 1989 年,汤姆·波林(Tom Paulin)受英国广播公司委托制作了一部普罗米修斯戏剧,作为开放大学(The Open University)关于公元前 5 世纪雅典和民主课程的一部分。波林着手翻译埃斯库罗斯戏剧中的政治主题,将其处理为 20 世纪抗议话语中固有的现代习惯用语。普罗米修斯叙事的灵活性继续为现代艺术家提供了丰富多彩的神话画布,他们可以在上面画出 20 世纪人类境况的肖像。

普罗米修斯中的普罗米修斯:科学技术的惊人发展

普罗米修斯也帮助塑造了 20 世纪的科学和技术愿景。土星的一颗卫星、内华达州的一座山,以及许多专业期刊和互联网网站,都纷纷以普罗米修斯的名字命名。在工业革命研究极具影响力的一位历史学家戴维·兰德斯(David Landes),在一本名为《解除束缚的普罗米修斯》(*The Unbound Prometheus*,1969)的书中,赞美了 19 世纪末的技术创新所带来的"新的希望时代"。20 世纪初,德国的一本工业技术贸易杂志以普罗米修斯命名(《普罗米修斯:贸易、工业和科学发展图解周刊》,莱比锡,1899—1921)①。而到了现在的 21 世纪初,当我们在

---

① 英文名称为 *Prometheus: Illustrated Weekly on Developments in Trade, Industry, and Science, Leipzig*: 1899—1921。——译注

图 11：《扼杀秃鹰的普罗米修斯》，雅克·利普希茨，1949 年。来源：费城艺术博物馆，以丽莎·诺里斯·埃尔金斯基金购入（Jacques Lipchitz, *Prometheus, Strangling the Vulture*, 1949. Source: Philadelphia Museum of Art: purchased with the Lisa Norris Elkins Fund）

医疗、数字、科学等各种场合拥抱技术创新时,普罗米修斯继续体现着我们对技术的复杂态度。

图12:《盗火的普罗米修斯》,彼得·德·弗朗西亚。来源:泰特美术馆,伦敦,2004 年(Peter De Francia, *Prometheus Steals the Fire*. Source: Tate, London 2004)

例如,在医学领域,普罗米修斯象征着医学界在提高和延长——甚至创造——人类生命方面取得的许多进展。最近,《新英格兰医学杂志》(*New England Journal of Medicine*)的一篇文章将目光投向普罗米修斯神话以及他那无穷再生的肝脏,介绍了一篇关于干细胞研究潜力的文章:"普罗米修斯式的永恒再生承诺正等待着我们,而时间的秃鹰却在观望。"(Rosenthal 2003)普罗米修斯实验室,是一家位于加州圣地亚哥的专业制药公司,它在命名实验室时,回顾了普罗米修斯带给医学发现的启示,并将其公司的使命定义为"在医疗保健体系中,提供治疗病人所需的信息和工具"。

在数字技术时代,如果要说有什么变化,那便是古老的普罗米修斯神话更加具有吸引力。数字技术在全球范围内存储和传播信息,具有无可比拟的潜力,它为那些原本会被社会排斥和政治边缘化的个人提供了权力和知识。正如达林·巴尼(Darin Barney)在一本关于信息技术与民主的书中所说,"当然,普罗米修斯解除了束缚,但他也有连线(wired)"(Barney,2000: 6)。前"感恩而死(Grateful Dead)"乐队的词作人和电子前沿基金会(Eletronic Frontier Foundation)的共同创始人约翰·佩里·巴洛(John Perry Barlow),援引了普罗米修斯的意象,将计算机网络上的数字化信息传输描述为"自获得火种以来最深刻的技术转变"(引自巴尼Barney,2000: 4)。

寻求能源发展也是普罗米修斯技术革命的一部分。一种比镭"热"500倍的稀土金属"promethium(钷)"(原子序列数为61)就取自普罗米修斯的名字,以肯定该元素驾驭核裂变能量的惊人力量。正如罗伯特·德·罗普（Robert de Ropp）在他的《新普罗米修斯》（*The New Prometheus*）一书中所说，原子能领域的先驱者可被称作"普罗米修斯中的普罗米修斯（the most Promethean of the Propmetheans）"。他提醒我们，这些人只用了短短时间，便将人类从一个时代送进了另一个时代："他们释放了原子核中潜藏的力量，而让最初的普罗米修斯盗火行为像是一次微不足道的冒失行动"（德·罗普，1972：1）

模棱两可的普罗米修斯遗产

然而，我们在几乎每一项技术前沿都会回顾普罗米修斯，并不只是为了毫无保留地赞颂其火种礼物所带来的技术能力。同样重要的是，普罗米修斯的故事中所包含的模糊性，引发了人们对20世纪和21世纪不断扩张的技术运用的相应批判。因此，引出普罗米修斯，有助于我们思考技术发明的好处，以及它们对人类构成的可怕威胁。在人类基因组计划（Human Genome Project）、克隆实验以及过度膨胀的制药魔袋之后，遗传和生殖技术那令人不安的潜在可能也随之而至，这促使我们更加迫切地重新审视在玛丽·雪莱的《弗兰肯斯坦》中生动呈现的问题，那些关于创造冲动和科学角色的疑问。

有些人转向普罗米修斯的愚蠢兄弟厄庇米修斯，以阐明普罗米修斯干预的悲观主义意味——他们担心，人类前所未有的傲慢已经不可逆转地破坏了自然的平衡。德·罗普认为，每一次普罗米修斯式的技术进步，都相应地伴随着一种厄庇米修斯式的缺乏远见，这会有抹杀其潜在好处或使事情变得更糟的危险。他惊奇地发现，这些"厄庇米修斯们"竟然还没能成功地炸毁地球，也还未能释放出一种人类无力防御的新型瘟疫。鉴于21世纪初恐怖主义工具和技术的升级，德·罗普的担忧似乎更有预见性。当我们习惯于21世纪的新挑战时，妨碍我们在几乎所有科技领域取得进展的事物，不是专业知识或物质资源的匮乏，而是精神或道德上的约束意识。这些实验，以真正的普罗米修斯方式，迫使我们面对、扩展和调整我们对人类的看法。

在当代，普罗米修斯提供了一个观察人类境况的现代视角。多年以来，他的神话对其中的某些方面作出了有效的应对。当代艺术家和作家仍旧着迷于他的故事，觉得它的所有情节片段都引人入胜——盗火、随后的受罚和释放、创造人类。我们将看到，像在浪漫主义时期一样，他象征着艺术家的乐观心态和超越精神。此外，虽然普罗米修斯从赫西俄德的时代起便与人类的劳作需要联系在一起，但19世纪和20世纪期间，工作场所发生了令人难以置信的转变，这些也触发了作家和思想家对普罗米修斯更强烈的关注。从工业革命到数字革命，工人的需求和关注点一直与管理层的需求和关注点相冲突，而普罗米修斯挺身而出对抗雇主的自发意愿，直到今天还在激励着人们去抵制恶劣不公的工作条件。凭借其更大的影响力，普罗米修斯还号召人们去思考我们对技术的热爱。并且，像以前那样，他的故事所隐含的张力也激发了一些严肃的灵魂认真反思无节制技术创新的承诺以及危险。这三大主题——艺术家的角色、工作条件和技术后果——是托尼·哈里森的《普罗米修斯》的核心。仔细研究这部电影，会使我们更好地了解20世纪对这位盗火之神的看法。

托尼·哈里森的《普罗米修斯》

《普罗米修斯》是托尼·哈里森的第一部故事片，他以这位泰坦的反叛性盗火行动为背景，以暗淡的色调描绘了20世纪末英国的政治和经济图景。托尼·哈里森，1937年出生于利兹，出版了多部诗集和戏剧作品，并因此被誉为英国一流的戏剧和电影诗人。哈里森翻译过几部希腊戏剧，并将它们搬上了当代舞台。他的作品展现了古代和当代世界之间的相互融合，十分绝妙又往往引发争议。身为一名诗人，哈里森对一些公共事件作出了急切的现代回应，即使他身上带着古典传统的烙印。像在他之前的希腊人和浪漫主义诗人一样，哈里森是在自己的时代和文化背景下重新加工了普罗米修斯的神话。

在20世纪70年代和80年代，爱德华·希斯（Edward Heath, 1970—1974）和玛格丽特·撒切尔（Margaret Thatcher, 1979—1990）领导下的英国保守党政府，与全国矿工工会（National Union of Mineworkers，简称NUM）展开了一系列事关重大、风险重重的政治斗争，引发了英国现代历史上最猛烈、最具破坏性的罢工运动。正是在这一最近的历史背景下，哈里森重新审视并重塑了技术进步和政治反叛的主题。而在公元前5世纪的雅典，这些主题首次由埃斯库罗斯的《被缚的普罗米修斯》进行了戏剧化的处理。

尽管这部影片并非对埃斯库罗斯原剧的严肃翻译或改编——某位评论家称之为模仿之作——但它明确将这部希腊古典戏剧作为一个叙事起点（在电影的开场，主角的孙子甚至背诵了埃斯库罗斯的戏剧台词）。埃斯库罗斯剧中的所有角色都出现了在影片之中，尽管经过了彻底改编和现代处理：克拉托斯和比亚是来势汹汹的电力工人，戴着黑色的防化面罩；大洋神的女儿们化身为鱼厂的女工；采矿社区一个小男孩的母亲曼（Mam）变成了伊娥，她在东欧各地漫游，由于接触化学品和碳，而显出黑白夹杂的模样，像一头弗里赛母牛。影片利用了当代人对疯牛病的恐惧，以令人毛骨悚然的方式展现了她的死亡，像一头牛般被漠然杀掉——哈里森将该场景设置在了斯托克波特（Stockport）的疯牛屠宰场——以此，既展示了动物所遭受的非人道待遇，又呈现了人类对环境的亵渎。赫耳墨斯身着银色连体服出现，正如一位评论家所说，它戏仿了"在那些一尘不染的后福特主义（post-Fordist）工厂里所穿的高科技服装，在经历了撒切尔夫人的煤矿大清洗之后，新的工作在那里落地生根"。赫耳墨斯的上中产阶层口音强调了他与影片中普罗米修斯人物的敌对关系——一个身患癌症的前约克郡煤矿工人，而他们的对话构成了影片的主干部分。

哈里森的《普罗米修斯》以蒸汽腾腾的冷却塔的特写镜头开场，很快就转到了科克比美因煤矿（Kirkby Main Colliery）附近的一所房子的内部，镜头里是一张报纸，其头条内容宣布了约克郡最后一座煤矿的倒闭。一个小男孩在努力记诵埃斯库罗斯的《被缚的普罗米修斯》中的台词，那是他的家庭作业。而他的父亲正为自己在煤矿的最后一天工作作准备，脸色阴沉。小男孩试图为父亲总结这个神话的大致内容，他解释说普罗米修斯被锁在悬崖上三万年，有一只老鹰天天来啄食他的肝脏，以此来惩罚他的盗火行径，"所以，现在/有了煤和所有一切"。

对此,他的父亲回答说:

> 这个贼,他活该受罚。而他本不应该
> 多此一举,假如矿井是他带来的祸害!
>
> (9)

哈里森特意汲取了埃斯库罗斯戏剧中的政治倾向——他自己描绘的普罗米修斯也是一个反叛者——并同样强调了他的苦难长度以千年为计。在他为该电影剧本撰写的一篇介绍文章《火与诗》("Fire and Poetry")中,这位剧作家作了这般描述:

> 在古典剧目中,没有哪部戏剧比《被缚的普罗米修斯》的时间跨度更长,或者处理过比它更沉重的从未间断过的痛苦。它的时间跨度不像《俄瑞斯忒亚》那样,只是特洛亚战争的宿命十年,而是三万年:三万年的暴虐折磨,三万年的不屈反抗。
>
> (viii)

不过,哈里森对埃斯库罗斯原作的改编利用,借助了佩西·雪莱的《解放了的普罗米修斯》,他本人在那篇序言中提到了这种关联。哈里森告诉我们,他是在罗马的卡拉卡拉浴场(Baths of Caracalla）撰写的这篇剧本简介，而正是在这里，雪莱写出了他的《解放了的普罗米修斯》。雪莱拒绝让他的普罗米修斯与宙斯的专制政权和解，哈里森特意对此作出了回应。他的文章进一步阐明了雪莱诗作的意义，即它在社会主义事业对普罗米修斯神话的精神占有中扮演了怎样的重要角色。哈里森回顾了卡尔·马克思（Karl Marx）对雪莱早逝的公开哀叹："雪莱是一个彻底的革命者，终其一生，都一直是一位社会主义的先驱。"（xv）在这样的革命语境中，哈里森观察到，"普罗米修斯给人类带来了火种的神话，持续现身于历史的重要时刻"（vii）。该神话的超长时间跨度达三万年之久，历经了数代人类的更迭。它能在人类遭遇压迫和经受苦难的时候，为他们留出重新评估人类自身境况的空间。因此，20世纪末的哈里森像19世纪初的雪莱那般，呼吁普罗米修斯帮助他（和我们）思考技术和革命、艺术和工作，以及它们在当代人类经验中的定位。

然而，影片的剧情将普罗米修斯的盗窃行动所带来的影响扩大到了英国煤炭工业之外。在影片中，那位年迈的矿工大部分时间待在诺廷利（Knottingley）破旧的皇宫电影院（Palace Cinema）里。他在那里看到了运送一个巨型普罗米修斯镀金雕像（由熔化的矿工尸体铸成）的整个过程，它跨越了后工业化的欧洲，最后抵达埃斯库罗斯的出生之地厄琉西斯（Eleusis），在那里被火烧毁。在整部影片中，主人公——一个烟不离手的社会主义者——与宙斯的代表赫耳墨斯进行了一番对话，并拒绝屈从于诸神、癌症或资本家的统治。由此，哈里森将他的电影探讨范围扩展到了英国工人阶级之外，囊括了德累斯顿（Dresden）的空袭事件、纳粹大屠杀（Holocaust）以及饱受工业化蹂躏的东欧图景——所有这些都是普罗米修斯技术的产物，也是迭代不止的宙斯独裁政权的受害者。

技术意义上的普罗米修斯

从那位气喘吁吁的煤矿工人到戴着不祥面罩的克拉托斯和比亚，从空袭德累斯顿的暴力毁坏到后工业化东欧的灾难性环境荒原，哈里森的《普罗米修斯》揭露了技术的风险和它潜在的破坏性。在影片的某个时刻，赫耳墨斯坐在波兰的梅科斯克酒吧（Bar Meksyk）里喝酒，对着新胡塔（Nowa Huta）工业园区冒着热气的烟囱发表了一番评论：

嗯，这些普罗米修斯的圣殿，

化工厂，钢铁房，还有矿场，

仍令宙斯震怒，因为它们全部

普罗米修斯

> 来自普罗米修斯的违禁私贩,
> 不过,这也让他志得意满,
> 看到人类的家园被生生摧残。
>
> (63)

最初建造新胡塔的钢铁厂,是哈里森所称的"普罗米修斯式的快速工业化模式"的一部分。自1989年以来,便已被废弃,它象征着工业化运动在东欧的溃败。在早些时候,赫耳墨斯详细描述了当宙斯得知污染对人类的破坏性影响时的幸灾乐祸:

> 孩子们咳嗽不止,那些小不点
> 和雾化器分享自己的小床,
> 还有癌症,以及哮喘……
>
> (62)

赫耳墨斯指出,虽然人类曾经"炫耀"过普罗米修斯的技术,但工业化的希望和承诺,最终给人类带来了未曾意料的破坏性影响。癌症和哮喘,在赫西俄德的时代闻所未闻,是那些更为普遍流行的疾病的升级,当时它们逃出了潘多拉之罐,给古希腊的凡人带来不幸,而现在的升级版,更让人心悸且颇为致命。

哈里森的《普罗米修斯》不仅代表了人类技术发展的不可预见的后果——引发疾病、破坏环境——而且还昭示着火的蓄意致命用途,尤其在战争之中。当载着普罗米修斯雕像的牛车准备进入德累斯顿这座在二战中被空袭摧毁的城市时,赫耳墨斯评论说:

> 德累斯顿,被火焰吞噬的一座城,
> 最适合抹黑他的好名声,
> 那35000人,被火夺去了性命,
> 不会为普罗米修斯欢呼游行。
> 当我们送来普罗米修斯,
> 他们的后代也不会高兴。
>
> (41)

和公元前5世纪的雅典一样,德累斯顿曾是一座以其艺术和文化宝藏而闻名的城市,因受战争摧残而变为废墟,雅典是被大火烧毁,德累斯顿则受到了战时轰炸。我们曾在第二章了解到,公元前5世纪的雅典人经受了波斯人的毁坏,在那之后,他们转向了普罗米修斯,借助对他的相关宗教祭拜以及戏剧表演来理解火的潜在破坏性。

129　　在另一部改编自某部古希腊作品的戏剧《赫拉克勒斯的劳工》(*The Labourers of Herakles*)中,哈里森本人也暗示了这种雅典经验。赫拉克勒斯在自己的火葬柴堆上发表了演讲,这位英雄对火的力量这一主题进行了详细阐述:

> 普拉提亚战役后,被波斯人毁掉的希腊神殿,
> 重燃自己的圣火,以来自德尔菲的火源,
> 那烧毁米利托斯(Miletos)的火苗,
> 以及这让我痛苦不堪的火焰,
> 还有我们今晚高举的火把,
> 都是同一种物质——"火",
> 这引领未来的灯塔,散发着暧昧之光。
>
> (《赫拉克勒斯的劳工》,123)

在《普罗米修斯》中,哈里森首先将这个火的主题变更为技术进步对环境的破坏。接下来,他将火的"暧昧之光"投射在世界大战的暴行之上,尤其是20世纪的纳粹大屠杀。据赫耳墨斯解释,这些得到了"宙斯的批准……以及认可"(59)。雅典人在遭受波斯军队的毁城之后,开展了火炬竞赛仪式,将作为赐火者的普罗米修斯搬上舞台,试图通过这些来重申火的

力量:带来效益和欢庆。通过唤起这些公元前5世纪的雅典仪式,哈里森利用了火作为毁灭性工具和纪念性手段的双重用途在波兰奥斯威辛(Auschwitz)附近设置了一个场景,这座城市的名字已经成为纳粹死亡集中营的恐怖暴行的代名词。那辆载着普罗米修斯雕像穿越东欧的拖车,装满了犹太朝圣者为纪念大屠杀中的遇难同胞而点燃的蜡烛,赫耳墨斯再次作为宙斯的喉舌发表言论,谴责了这些蜡烛的用途,"尖尖的小东西,燃着盗来的火":

> 为什么?他们为什么选择火?
> 这些蜡烛,给他们提供了帮助,
> 以应对历史变故和希望的虚无,
> 向元首宙斯(Fuhrer Zeus)发出咒诅,
> 而神王憎恨,火的这般圣礼用途,
> 在宙斯大帝(Lord Zeus)前挥舞
> 烛火的犹太人,他本打算将其彻底清除。
>
> (61)

130

这又回到了火的根本双重属性,既是毁灭性恶果的诱因,也是纪念性活动的起源。而在通常情况下,纳粹大屠杀是展现此种力量的最极端代表。

由此,托尼·哈里森的《普罗米修斯》对 20 世纪的技术运用提出了尖锐的批评。无论技术最初带来过怎样的好处,那些早已在它造成的沉重破坏面前黯然失色。在赫耳墨斯接下来的讲话中,哈里森详尽阐述了普罗米修斯的火种礼物所引发的负面效应,从吸烟者的咳嗽症谈到煤矿工人的黑肺病。赫耳墨斯说,宙斯很高兴看到普罗米修斯的礼物给人类带来了如此糟糕的后果。宙斯再也无须消灭人类的计划,因为人类自己在这方面做得很好,他们在用雾霾、污染、癌症等毁掉自己——而这些都是普罗米修斯礼物的副产品:

所以,末日大战(Armageddon's)已然暂缓
除非宙斯感到无聊或人类胆大包天。

(31)

托尼·哈里森的《普罗米修斯》,糅合了埃斯库罗斯对普罗米修斯为人类盗取火种所代表的技术潜力的赞颂,以及赫西俄德笔下的人类在众神面前的绝望和无力感。赫西俄德的普罗米修斯勾勒出一幅人类经验的图景,它由艰苦的工作、疾病和贫瘠的生活所定义。相较于荷马史诗的黄金时代,它显得凄凉惨淡。对埃斯库罗斯来说，普罗米修斯的神话描述了截然不同的公元前5世纪初的雅典经验，他的普罗米修斯颂扬了普罗米修斯的火种礼物为人类带来的技能和成就，无论是技术还是其他方面。

虽然哈里森重述了埃斯库罗斯对技术改善人类境况潜力的关注，但他又用赫西俄德式的现实主义来缓和这种乐观态度。最后，技术只带来了疾病、战争和繁重的工作。正如哈里森所指出的那样，

若是埃斯库罗斯活到今日，
他不得不重新写一部戏。
他定会修改那些诗篇，
一旦目睹埃莱夫西纳（Elefsina）
那吞噬一切的火焰，
滚滚浓雾冲出林立的烟囱，
遮蔽了他曾热爱的那片天空……

（81）

鉴于近年发生的种种事件，埃斯库罗斯的愿景需要加以调整。托尼·哈里森的20世纪的《普罗米修斯》叙述了人类境况

的衰退，而这点可以直接回溯到人类对泰坦火种礼物的技术滥用。他笔下的赫耳墨斯冷酷无情、自以为是，反映了一种阴郁的世界观。在这种世界观下，人类再次被诸神欺骗，成为他们娱乐竞技和权力游戏的无助受害者。

虽然，工作场所、医学或通信手段方面的一些技术创新极大地改善了 20 世纪的人类经验，但其他技术创新的意外后果却给人类带来了规模空前的破坏，并威胁到更多领域。托尼·哈里森的《普罗米修斯》改写了普罗米修斯的技术守护神形象，促使我们反思技术在人类生活中的作用，并提出相应的艰难问题。技术发展带来了怎样的伦理和社会影响？人类为社会进步付出了怎样的代价？关于普罗米修斯神话引出的这些问题，哈里森给出了非常严峻的答案。

普罗米修斯和劳动者：homo faber［工匠人］

哈里森对技术的运用及滥用的关注，自然引领他留心工作在 20 世纪所扮演的角色。他的《普罗米修斯》将技术和反叛结合在一起，探讨了工人，即 *homo faber*［**工匠人**］在技术世界中的作用。哈里森笔下的普罗米修斯与劳动理想以及反对权力滥用的革命有关，它不仅昭示着技术的超凡能力，而且还彰显出工作、社会正义和工人权利的种种可能。

普罗米修斯以代表被踩躏的压迫者与专制政权展开的一场对立斗争而闻名,哈里森将他的这一形象带到了劳动者身上,尤其是生活在工业化背景下的劳动者。普罗米修斯因用泥土造人而见称并深受雅典陶工的崇拜,他一直与人类的工作需求和能力有关。我们记得,在古希腊,普罗米修斯的神话尤其与农业以及人类经验的认知有着具体的关联,而当时人类经验的界定,主要取决于凡人对土地耕作的持续需求。工作环境可能会随着时间的推移而改变,从耕地到组装汽车,再到采煤或数据处理,但人类对工作的需求不会改变,而这正是普罗米修斯神话的一个重要部分。

在他那篇剧本导言中,哈里森指出,部分源于雪莱和拜伦的革命诗歌的影响,普罗米修斯逐渐与社会主义事业联系在一起。在《普罗米修斯与布尔什维克》(*Prometheus and the Bolsheviks*)一书中,英国诗人兼杂志编辑约翰·雷曼(John Lehman)将普罗米修斯引述为布尔什维克事业的有力象征,通过夺取实质权力将人类从暴政和野蛮中解救出来。这本书于1937年出版,讲述了高加索地区(那片宿命意味的山区,位于现代俄罗斯联邦、格鲁吉亚和阿塞拜疆的边界,普罗米修斯便是被锁在那里的岩石上)的故事。在该书的最后一章,雷曼讲述了自

普罗米修斯

图13:"成为普罗米修斯的卡尔·马克思",一则关于反《莱茵报》发行禁令的寓言故事。来源:照片来自《马克思恩格斯文集:第一卷》,纽约:国际出版商,1975年,第374—375页(Karl Marx as Prometheus, allegory on the prohibition of the *Rheinische Zeitung*. Source: Photo from *Karl Marx. Frederick Engels, Collected Works, vol. I*, New York: International Publishers, [1975], 374—375)

己的一个梦,当时他睡在一艘穿越黑海的苏联轮船上,梦见了普罗米修斯。在梦里,这位泰坦对他说:"听到关于内战斗争(Civil War)的描述,我发现自己强烈支持布尔什维克一方。这让我想起了我自己与朱庇特之间的火种斗争。"(Lehman,1937: 254)随后,普罗米修斯宣布,他已决定入党。

当然,普罗米修斯和社会主义事业之间的联系有着庄严神圣的渊源。马克思自己在早期著作中将普罗米修斯称为"哲学家日历中的第一位圣人和殉道者"。在他担任《莱茵报》编辑的那段时期,有一则漫画将卡尔·马克思描绘为被绑在印刷机旁边的普罗米修斯,普鲁士之鹰正在啄食他的肝脏;由大洋神之女组成的埃斯库罗斯合唱团围在他的脚边,她们代表着莱茵兰(Rhineland)地区的各个城市,正在恳求自由。马克思主义理论家莱谢克·柯拉柯夫斯基(Leszek Kolakowski)对马克思作品中的普罗米修斯元素进行了阐述,并解释说,"马克思坚信,无产阶级作为集体的普罗米修斯,将会在世界革命中扫除个体利益和集体利益之间的长久矛盾"(Kolakowski,1978: 1.412—413)。

古典学者乔治·汤姆森把埃斯库罗斯笔下的普罗米修斯称作"无产阶级的守护神",正是基于这种集体工作经验的传统,托尼·哈里森将他的普罗米修斯电影设置在英格兰北部采矿业的崩溃之际。影片最初的一个场景聚焦在约克郡报纸的几张版面，它们宣布了最新的矿井关闭消息。那位矿工一直在保存这些报纸，整理成一本勉强算作剪贴簿的东西，里面记录着"可以追溯到 1984 年"的矿工罢工事件。但他的儿子把这些扔进了火里，这令他又惊又怒，大声吼道："我失了业，已够倒霉了，你竟然还把这些扔进火中！"（10）这一幕，显然是将埃斯库罗斯笔下的普罗米修斯（在小男孩的教科书插图中，他被描绘成一尊金色雕像，高举着右拳表示反抗，左手挥舞着一根燃烧着的茴香秆）重新诠释为这位罢工的矿工，并体现在小男孩祖父的煤雕矿工身上：穿着矿工服，摆出同样的姿势。其蚀刻的黄铜标题上写着"罢工的矿工，1984 年"。雪莱笔下的普罗米修斯聚焦于专制的政治制度和 18 世纪末统治欧洲的君主暴政，而哈里森则将普罗米修斯的反叛转移到工作场所。他将农民与国王的政治斗争改写为工人与管理层的斗争。

在电影叙事的过程中，这个煤矿罢工工人的强大象征，无声地融入其他场景和工人阶级的反叛踪迹，而其中的吸烟场景最引人争议。哈里森在一次采访中解释说，他在电影中使用了吸烟镜头，一个原因是想将希腊神话转化为现代白话，而吸烟是此种尝试的具体方式：

所以香烟变成了那根茴香秆，象征着人类对火所做的一切。

它富于破坏性，但人类却不愿放弃。这也成为火的理念：禁止人类使用和用于毁灭人类。这种不断禁止某些事物的做法，只是另一种版本的盗火反叛。在这种论调下，一切都和吸烟有关。

在这里，吸烟也标志着工人阶级的一种自我毁灭行为，以及他们全情投入的抵抗精神。赫耳墨斯扮演着宙斯仆人的角色，他在影片中借机全方位地展现宙斯的专制政权，包括在这座废弃的电影院里执行"禁烟法"。而那位老人正坐在那里一根又一根地抽着烟，回忆起过去的美好时光，那时候，无论银幕内外，人人都可以自由吸烟。老人从座位上站了起来，摆出普罗米修斯的姿势，朝银幕上的赫耳墨斯不屑一顾地挥舞着拳头，并大声高呼："全世界的吸烟者联合起来！"（30）

香烟，是哈里森对赫西俄德的茴香秆的再创作，它代表着劳动者抵抗打着各种幌子的专制政权的最后姿态——包括政治、经济和医疗等方面——并成为所有形式的抵抗均告失败的讽刺性象征。劳动者正死于"采煤或吸烟"，而赫耳墨斯，讲着上流社会的口音，穿着精致的银靴，代表着掌权阶层再次取得了胜利。老人嘲弄赫耳墨斯，朝他吐着烟圈（blowing smoke，既是实际行动,也具象征意义①),夸耀道:"我很高兴我们能制造/激怒宙斯的火种燃料。"(55)老人反抗了一番,疲惫地倒在自己的座位上,而赫耳墨斯得意洋洋地答道,在"地下煤尘里爬行"的所有时间都是浪费,注定是"一无所获!一无所有!":

> 历史遗弃你,就像吐出一口浓痰,
> 全国矿工工会的代表,
> 偏偏妄想,在阶级分裂的不列颠,
> 创造一个公平公正的家园!
> 而我会撬开你那瘦弱的肉拳,
> 你这个社会主义者,只会抽烟空谈。
>
> (56)

雪莱的国家愿景便止于此番景象了:一个"没有皇权统治、自由自在、无拘无束"的国度。虽然哈里森拥护雪莱拒绝让压迫者与被压迫者妥协和解的立场,但他同时也摒弃了这位浪漫主义诗人企图建立无阶级国家(classless state)的乌托邦愿景。在这方面,哈里森的普罗米修斯更像拜伦的普罗米修斯,陷入

---

① blow smoke,除了"吞吐烟雾"之外,还有"讲空话蒙人"的引申之义。——译注。

了一种永恒的对抗状态。

普罗米修斯对劳动者的支持最终瓦解崩溃,这在铸造厂的一个夜间场景中得到了具体体现。当时一辆满载矿工的牛车将这些人倒入一个火红的大热锅进行回收循环,把他们铸成普罗米修斯本尊的金身雕像。在这方面,哈里森重新审视了赫西俄德所展现的普罗米修斯神话的一个面向——那便是,由于普罗米修斯的介入,人类的劳作状态变得艰难沉重而又徒劳无功。若没有普罗米修斯的干预,赫西俄德哀叹道:"你可能劳作一天便有足够的积攒,以至一整年都无须再为生计辛劳。"(《劳作与时日》,43—44)但自从普罗米修斯蒙骗宙斯之后,这位众神之王就使人类的生活变得艰难起来。在赫西俄德和哈里森的世界观中,是工作定义了人类相对于诸神的生存状态。然而,在20世纪再现这一主题时,它的新概念是指工人的集体身份与披着管理外衣的独裁者的对照关系。哈里森再次将埃斯库罗斯和雪莱的政治关注,与赫西俄德关于人类工作需要的哀叹,以新的方式结合起来。

火与诗

在20世纪,普罗米修斯除了他与技术和工作经验的关联性,还依然是艺术家创造力的象征。浪漫主义诗人歌德和拜伦将自身的诗歌创作行为与普罗米修斯创造人类相比较,都把自己塑造成"新的普罗米修斯"。而哈里森则将诗歌创作与火种本身等同起来,他在"火与诗"一文中记述了以下回忆:

> 小时候,我总会在客厅的煤火前做着白日梦。凝视着火堆,看它千变万化的火焰、摇摇晃晃的煤块、纷纷散落的灰烬,以及所谓的"陌生人影"——躺在炉架上的煤块残骸——这些激发了我的第一首诗……我一直把凝视火焰与诗意的自由冥想联系起来。
>
> (vii)

火焰的神秘活力激发了创造想象——这是人类超越其原始状态的另一种进化方式。在影片接近尾声时,那位普罗米修斯式的老人讲出了这样一番话:

火,将人类带入意识的边缘,
第一次让他做梦以及思考。
想象一下,人类第一次脱离了黑暗,
第一次围坐在温暖的火光前,
远离他们曾经恐惧的野兽,

直到普罗米修斯第一次出现。

(83)

哈里森对火的灵感启示作出了此番思考，它不仅意味着艺术创造诞生于火的黯淡余烬之中，还暗示我们应重新审视埃斯库罗斯的《被缚的普罗米修斯》，甚至是玛丽·雪莱的《弗兰肯斯坦》中的相关描述。那些文本段落阐述了人类所取得的进步历程——借助火种的发现脱离了残酷的兽性生存，进而征服自然并过上了物质条件更舒适的智性生活。普罗米修斯窃取火种不仅无可避免地带来了技术革新，也造成了社会革新——由此创造出诸如祭祀之类的制度和诸如医学之类的技艺，最后引导出诗歌的诞生，或如埃斯库罗斯所说的"作为记忆万物手段的字母组合，那技艺高超的缪斯之母"。正如哈里森所言，火是人类获得身体舒适和智力成就的关键。免于寒冷和恐惧，我们便能发挥自身的创造力。因此，普罗米修斯的技术礼物与他的艺术礼物密切相连。

在那篇剧本导言的结尾，哈里森谈到了自己将普罗米修斯的故事搬上荧幕的决定："我对火的痴迷和我对电影的痴迷彼此关联，这促使我拍了一部关于火与诗的电影。"(xxii)他解释说，电影技术能将一张卑微的面孔塑造成一位高大的英雄，从而将银幕上的人物变作神明,而这种力量是普罗米修斯精神的象征。由此,哈里森将凝视火焰的童年经历延伸到了电影创作,在黑暗的剧院里引人注视——这些都与光在黑暗中揭示现实、在人类的日常经历中创造艺术的力量有关。在哈里森的影片里,那位抽着烟的普罗米修斯式挖煤工人说:"火和诗,这两种伟大的力量/让所谓的神界属于我们(OURS)!"(84)

在哈里森的《普罗米修斯》中,诗歌和火一样,都起源于神界。如赫耳墨斯在影片开头所解释的那样,诗歌是神的语言:"它完全超出了凡人的界限,这种纯粹的奥林波斯语言。"(21)在这方面,所有的诗人都是普罗米修斯式的人物,他们窃取了标志着神界话语的诗意火花,并利用它来为人类事务带来光明。赫耳墨斯抱怨道:

> 偷个没完!先是火,现在是这——
> 捏造诗意的骗人蛊惑!
> 奥林波斯山怎么还能完好无缺,
> 若**庞蒂弗拉克特**(*Pontefract*)拥有了**诗歌**(*poetry*)①?
>
> (23)

---

① 原文的 poetry 为斜体,所以,此处的译文作了加粗处理,以表示强调;庞蒂弗拉克特是英国的一个工业城镇。——译注

火和诗，都是从神明那里偷窃而来，而并非神明所赐，并且哈里森把它们在人类世界的存在定性为人类对诸神的相应反叛行动。赫耳墨斯抱怨道：

诗人教导人类去突破

宙斯划定的语言界限，

普罗米修斯偷来的天火，

创造了人类的诗意魂魄。

（44）

因此，对诗歌语言的窃取，不过是普罗米修斯代表人类对神性世界的又一次侵犯。在这方面，哈里森，像雪莱和他之前的其他浪漫主义诗人一样，融合了普罗米修斯神话的审美及政治维度。借助诗意想象的创造力，凡人可以重塑自己的世界；正如雪莱所言，"诗人是未被承认的世界立法者"。然而，哈里森把诗歌比作火并强调它的偷窃身份，以此颠覆了雪莱的理想主义信念，即诗人拥有的普罗米修斯式的力量。像火一样，诗歌是从宙斯那里偷来的，因此，人类将为它受到严厉的惩罚。浪漫主义诗人的愿景（除了玛丽·雪莱的《弗兰肯斯坦》）是去帮助人类构想一个更美好的世界，而哈里森的看法则偏于灰暗——他详细描绘了诸神因失去诗歌的独家使用权而备感恼怒，以此来强调诗歌的力量。

然而，哈里森的设想并非毫无希望，因为正是通过诗歌这种反叛性的创造行为，人类得以对人类境况的标志性痛苦作出回应——也许是最终的唯一回应。哈里森的电影对普罗米修斯为人类盗取火种的长期影响作出了相当暗淡的描述。他的世界（和我们的世界）与那个拥有无限可能的埃斯库罗斯的世界相去甚远，正经受着技术潜在破坏性的种种制约——污染、大屠杀、战争——以及工作场所里无休止的挑战。不过，哈里森告诉我们，普罗米修斯给了我们一个非常强有力的工具，它也可以帮助我们应对这令人沮丧的事态。哈里森在一次采访中说，诗歌"应该向人生中最困难的事情发声，而它拥有的最强大武器，便是它自己的存在形式"。他在序言中提醒我们，自希腊悲剧时代以来，诗歌和其他艺术形式给了我们一条出路，以应对人类境况的局限和挑战。

词源辨析：普罗米修斯有什么"用"？

在电影的开头，托尼·哈里森对普罗米修斯名字的词源进行了探讨。我们记得，赫西俄德在《神谱》中强调了普罗米修斯名字里的**智巧**（*metis*）核心，而埃斯库罗斯在《被缚的普罗米修斯》的开头解读了这位神的名字，并利用了其中隐含的反讽意味。当威力神准备离开时，他嘲弄了被绑在山崖上的普罗米修斯：

> 诸神徒然地将你称作"先见之明"，因为你自己需要先见之明，以找到摆脱这锁链的路径。
>
> （《被缚的普罗米修斯》，85—87）

哈里森继承了这个传统的词源阐释，但进行了巧妙的现代处理。在影片的开头，哈里森让那位中心人物询问儿子关于普罗米修斯的问题：

> 爸爸：那到底普罗——米——修——斯（Pro-me-the-us）是谁啊。
>
> 男孩：他名字的发音是普罗——米——修斯（Pro-me-theus）。**普罗——米——修斯（PROM-ME-THUS）……修斯（USE）……修斯（USE）**
>
> 爸爸：那，那他到底有什么"用（use）"？
>
> （9）

这位失业的约克郡煤矿工人可能对一位古希腊神能为他做什么持保留意见，但是，正如哈里森向我们展示的那样，这位为人类盗取火种的神拥有强大的神话力量，正是这一点促使他讲述了20世纪英国工人阶级的故事。正如我们在前面的章节中所看到的那样，普罗米修斯的神话——甚至他的名字——最终现出了它的特别之"用"，因为不同的文化在不同的时期纷纷对这位盗火之神的故事进行了改编、修订和翻新。

小结

在20世纪，普罗米修斯以其神话中的复杂性激励着我们依据这一个世纪的发展来重新定义人类境况的参数。人类在政治、科学和艺术方面取得了无可比拟的成就，但也造成了前所未有的大规模破坏。为人类盗取火种的普罗米修斯帮助诗人和科学家探索了技术的益处和风险。新的医疗技术如何影响我们对人类生命的定义？生产手段的创新如何影响我们的工作方式以及我们对自我工人身份的看法？敢于反对独裁专制的宙斯以拯救人类的普罗米修斯，一直带领着政治家和剧作家去尝试评估凡人的局限性，以及艺术或政权体制来帮助他们超越这些局限性的途径。

1998年托尼·哈里森的电影《普罗米修斯》立足于20世纪末的有利制高点,猛烈抨击了泰坦的火种礼物在这个悲惨世纪——战火纷飞,分裂不止,让所有期望人类解放的人都满怀失望和悲伤——里的种种用途。大屠杀、环境恶化和阶级斗争,都是宙斯惩罚凡人计划的一部分,因为普罗米修斯干预了凡人的事务。然而,尽管如此,定义着人类境况的反叛精神和创造精神仍在蓬勃发展。哈里森笔下的普罗米修斯与拜伦诗中的普罗米修斯一样,颂扬了作为终极反抗源泉的人类想象力。哈里森的电影透过雪莱的《解放了的普罗米修斯》的镜头,回顾了赫西俄德和埃斯库罗斯的神话传统。虽然,哈里森的电影在一个独特的20世纪背景下,重现了普罗米修斯的反叛、想象和苦难等永恒的主题,但它也可以作为一个理想的文本,从中得出一些关于普罗米修斯更广泛的神话意义的结论。

在这些迥然不同的历史和文化背景下回顾普罗米修斯,我们定会同意托尼·哈里森的看法,即普罗米修斯的神话总会在历史的重要时刻进入我们的意识——无论是繁荣昌盛还是资源匮乏的时代,无论是取得技术成就还是造成技术灾难的时刻。作为人类智慧的典范和凡人苦难的象征,普罗米修斯代表着人类最好和最坏的境况。然而,虽然普罗米修斯不断被人引述,如古希腊诗人和浪漫主义诗人、科学家、音乐家和政治理论家等,但对于困扰我们的挑战性问题,他的神话并未提供明确的答案。权力的本质是什么?人类在更大的宇宙计划中的定位是什么?我们能借助艺术来超越凡人世界的苦难吗?我们能通过技术突破凡人世界的局限吗?人类进步的代价是什么?普罗米修斯的神话并没有掌握这些问题的任何一个答案。事实上,它刻意拒绝给人类经验下一个普遍的定义,也拒绝奉上无条件的赞颂。相反,普罗米修斯的神话将始终帮助我们提出每个新时代都面临的关键问题,即身为人类到底意味着什么。在这方面,正如托尼·哈里森所暗示的那样,普罗米修斯永远极其有用!

拓展阅读

介绍普罗米修斯

普罗米修斯神话的主要古典文献来源：赫西俄德，《劳作与时日》，41—105；《神谱》，507—616；埃斯库罗斯，《被缚的普罗米修斯》；阿波罗多洛斯，《希腊神话文库》，1.2.2ff.，1.3.6，1.7.1—2，2.5.4，2.5.11 3.13.5；保萨尼亚斯（Pausanias），《希腊志》（*Description of Greece*），1.30.2，2.19.5，2.19.8；许癸努斯（Hyginus），《神话指南》（*Fabulae*），54，142，144；《诗情天文》（*Poetica astronomica*），2.6，2.15，2.42。伊索寓言的一个优秀译本是吉布斯（Gibbs）翻译的《伊索寓言》（*Aesop's Fables*，2002）。关于普罗米修斯名字的词源讨论，参见马丁·韦斯特（Martin West）关于《神谱》第510行的脚注，以及沃特金斯（Watkins，1995）第256页的注释3。

关于普罗米修斯在古典时代中的文学引用和视觉再现的详

尽清单,参见《希腊神话图解词典》(*Lexicon Iconographicum Mythologicae Graecae*)中关于普罗米修斯的条目。关于涵盖 1300 年至 20 世纪 90 年代的相关资料清单,参见里德(Reid,1993)著作中关于普罗米修斯的条目。有一些普罗米修斯专题研究的书籍和文章,以历史视角追溯了他在历代艺术和文学作品中的呈现面貌。例如,瑟善(Séchan,1951)、特鲁森(Trousson,1976)和拉齐奥(Raggio,1958)。卡尔·克雷尼(Carl Kerényi,1963)的著作《普罗米修斯:人类存在的原型意象》(*Prometheus. Archetypal Image of Human Existence*),以荣格心理分析学派的术语对这个神话进行了分析处理。多诺霍(Donoghue,1974)在一系列关于美国文学的文章中,谈到了普罗米修斯神话的相关方面。

关于克利福德·格尔茨(Clifford Geertz)借助其他文化的符号元素来进行"思考(thinking with)"的概念,详见他的一篇论著导言《厚重的描述:文化阐释理论》("Thick Description: Toward an Interpretive Theory of Culture",1973)。罗兰·巴特(Roland Barthes)在《神话学》(*Mythologies*,1957)的最后写了一篇"今天的神话",对神话作为一种交流系统进行了结构主义分析,仍旧很有价值。关于神话概念的综合讨论或具体希腊神话的其他研究,参见以下著作:马丁(Martin,2003)

一书的导言；德蒂安（Detienne，1986）、巴克斯顿（Buxton，1994）和林肯（Lincoln，1999）等学者的论述。

诡计大师

本章所涉及的赫西俄德诗歌译文，均出自斯坦利·隆巴多（Stanley Lomdardo, 1993）的译本《赫西俄德·劳作与时日·神谱》（*Hesiod' Works and Days and Theogony*）。这些译本附有罗伯特·兰伯顿（Robert Lamberton）非常有价值的导读介绍；另见兰伯顿（Lamberton, 1988）。关于这些诗歌的文本和详细评论（以及相关主题探讨），参见马丁·韦斯特（Marting West）的译本《赫西俄德·神谱》（*Hesiod, Theogony*，1966）和《赫西俄德·劳作与时日》（*Hesiod, Works and Days*，1978）。关于赫西俄德的综合性介绍，参见纳吉（Nagy，1990）的论著，该书专门探讨了赫西俄德名字的词源释义。关于诗人角色和声音的讨论，详见格里菲斯（Griffith，1983a）和马丁（Martin，1992）的论著。关于这些诗歌的历史背景，参见芬利（Finley，1970）和斯诺德格拉斯（Snodgrass，1980）的论著。另参见坦迪和尼尔（Tandy and Neale，1996）的论著。

让-皮埃尔·韦尔南（Jean-Pierre Vernant）对研究赫西俄德的普罗米修斯神话作出了最重要的贡献，我在本章的讨论在很大程度上要归功于他的研究。参见韦尔南（Vernant，1980；1986）的论著。

关于潘多拉在普罗米修斯神话中的作用和相关性别问题，参见泽特林（Zeitlin，1996）、亚瑟（Arthur，1982）和萨斯曼（Sussman，1978）的研究。关于潘多拉神话在赫西俄德之后的演变研究，参见 D. 潘诺夫斯基和 E. 潘诺夫斯基（Panofsky and Panofsky，1956）的论著。

关于诡计师形象的比较研究，参见佩尔顿（Pelton，1980）、里基茨（Ricketts，1965）、雷丁（Radin，1956）、海因斯和多蒂（Hynes and Doty，1993），以及雅尼克（Janik，1998）的论文合集。关于希腊神话中诡计师的研究讨论，参见布朗（Brown，1947）以及克雷尼（Kerényi，1956）的论著。关于希腊文学中的诡计或狡黠主题的研究讨论，见德蒂安和韦尔南（Detienne and Vernant，1974）的论著。

雅典的普罗米修斯崇拜

关于火在希腊宗教中的作用和意义的研究，参见伯克特（Burkert，1985）和弗利（Furley，1981）的论著。关于火的发现及发明的神话和传说合集，见弗雷泽（Frazer，1930）的著作，该书极富娱乐性和信息量。

关于雅典的地形和考古研究，参见坎普（Camp，2001）和特拉夫洛斯（Travlos，1971）的论著。关于雅典的建筑和城市损毁研究，参见坎普（Camp，2001）、汤普森（Thompson，1981）、希尔（Shear，1993）。

关于普罗米修斯崇拜和普罗米修斯火炬竞赛（Prometheia）的研究，参见德布纳（Deubner，1932）的论著。火炬竞赛的相关证据，特别是和普罗米修斯相关的证据，通常比较少，学者们经常会用某一个节日（尤其是泛雅典娜节）的火炬竞赛证据来解释所有火炬竞赛。关于火炬竞赛作为雅典一项体育赛事的研究，参见凯尔（Kyle，1987）的论著；关于火炬竞赛的仪式意义，特别是它与泛雅典娜节（Panathenaea）之间的关系，参见罗伯逊（Robertson，1985）的研究。关于雅典火炬竞赛的所有证据合集，参见斯特雷特（Sterett，1901）的研究。

关于斯萨提尔追随普罗米修的瓶画形象研究，参见比兹利（Beazely，1939）和韦伯斯特（Webster，1972）的论著。关于萨提尔在戏剧及瓶画中的再现研究，参见利萨拉格（Lissarrague，1990）和贝拉尔（Berard，1989）的著作。关于萨提尔剧种的综合性讨论，参见萨顿（Sutton，1980）和格里菲斯（Griffith，2002）的研究。关于《燃火者普罗米修斯》（*Prometheus Fire-Kindler*）的残篇研究，参见斯特凡·拉特（Stefan Radt，1985）

编撰的《希腊悲剧残篇》(*Tragicorum graecorum fragmenta*)第三卷。卡尔·克鲁尼(Carl Kerényi, 1963)在他的《普罗米修斯》(*Prometheus*)中收集并翻译了萨提尔剧《燃火者普罗米修斯》的片段,第69—72页。

政治反叛者和文化英雄

关于埃斯库罗斯的《被缚的普罗米修斯》的希腊文本和评注,参见格里菲斯(Griffith, 1983b)的著作。关于《被缚的普罗米修斯》的一个明晰译本,参见大卫·格林(David Grene, 1956)的翻译。关于该剧真实性问题的讨论,参见格里菲斯(Griffith, 1977)、赫灵顿(Herington, 1970)以及较近的劳埃德-琼斯(Lloyd-Jones, 2003)的研究。关于该剧的综合文学研究,参见康纳彻(Conacher, 1980)、汤普森(Thomson, 1972)和萨义德(Said, 1985)的著作。

关于古典希腊世界的进步问题研究,参见以下学者颇有价值的讨论:道兹(Dodds, 1973)、埃德尔斯坦(Edelstein, 1967)和格思里(Guthrie, 1957)。

关于柏拉图《普罗泰戈拉》的译文,参见格思里(Guthrie, 1956);关于这篇对话的评注,参见科比(Coby, 1987)的论著;关于这篇对话里的普罗米修斯神话的讨论,参见穆勒(Miller,

1978）以及费兰（Ferrain，2000）的论述。

关于阿里斯托芬的《鸟》的希腊文本和评注，参见邓巴（Dunbar，1995）和萨默施泰因（Sommerstein，1987）的著作，后者包括原文的对照译文。关于《鸟》和普罗米修斯三部曲的讨论，参见赫灵顿（Herington，1963）的研究。

浪漫主义时期的普罗米修斯

本章所讨论的各位诗人和作家的引文，选自以下版本：麦甘（McGann，1986）、齐尔曼（Zillman，1968）、米德尔顿（Middleton，1983）和巴特勒（Butler，1993）。巴特勒的版本有一篇关于这部小说（《弗兰肯斯坦》）的导言，价值颇高，其书后的几篇附录，概述并重印了1831年修订本中的相关文字改动。此外，该版本还包含了玛丽·雪莱写给后期修订本的一篇导言。尽管1831年的版本一直是首选文本，但我还是决定追随玛丽莲·巴特勒（Marilyn Butler）（以及其他学者）选用1818年的初本，因为我更喜欢初版里未经修改过的有关重要社会道德问题的反思，这些问题源于人类的创造性活动、科学探索以及自身境况的局限。

当然，在希腊古典时期和浪漫主义时期之间的时代里，普罗米修斯继续受到了广泛关注。关于从古代到18世纪的普罗米修斯神话的回顾,参见拉齐奥(Raggio,1958)的研究论述。关于弥尔顿和浪漫主义诗人之间的关系,参见托特(Trott,1998)的研究。更多关于浪漫主义时期普罗米修斯神话形象的综合性介绍,参见特鲁松(Trousson,2001)、赖兹(Raizis,1983)和布什(Bush,1937)。汉斯·布鲁门伯格(Hans Blumenbers,1985)的《神话研究》(*Work on Myth*)一书,将普罗米修斯置于欧洲知识分子思想研究这一更广泛的话题之下,进行了一番颇有启发性的研究讨论。关于浪漫主义运动的背景概述,吴(Wu,1998)和柯伦(Curran,1993)的研究也较有价值。

关于政治意义上的普罗米修斯,参见路易斯(Lewis,1992)和柯伦(Curran,1986)的论著。关于普罗米修斯和拿破仑的研究,参见布鲁姆(Bloom,1971a)以及班布里奇(Bainbridge,1995)的著作。

关于更具体的主题研究书籍和文章,也可参见以下著作:关于雪莱的《解放了的普罗米修斯》,参见坎托(Cantor,1984)的第三章;沃瑟曼(Wasserman,1971);贝内特和柯伦(Bennett and Curran,1996)以及布鲁姆(Bloom,1971b)。关于拜伦和雪莱作品中普罗米修斯角色的比较研究,参见罗宾逊(Robinson,1976)以及赖兹(Raizis,1983)。关于歌德的传记和历史介绍，参见夏普（Sharpe，2002）编撰的《歌德剑桥读本》（*Cambridge Companion to Goethe*），这本书收录的文章价值极高。关于玛丽·雪莱的《弗兰肯斯坦》的研究，参见保罗·A. 坎托（Paul A. Cantor，1984）一书中的"浪漫理想主义的噩梦（The Nightmare of Romantic Idealism）"（标题尤其意味深长），这一章的内容很丰富。另见斯莫尔（Small，1972）的著作。

现代社会中的普罗米修斯

关于涉及普罗米修斯神话的艺术家、作家和诗人的作品的注释类清单，参见里德（Reid，1993）的著作。关于戏剧作品的普罗米修斯专题评论，参见洛娜·哈德威克（Lorna Hardwick，2000）针对托尼·哈里森的研究论文。关于何塞·克莱门特·奥罗斯科（José Clemente Orozco）的普罗米修斯壁画，参见玛乔丽·L. 哈思（Marjorie L. Harth，2001）汇编的论文集。关于援引普罗米修斯来讨论技术问题的研究，参见巴尼（Barney，2000）、德·罗普（de Ropp，1972）和米兹曼（Mitzman，2003）。关于将普罗米修斯改编为社会主义和工人阶级象征的研究，参见莱谢克·柯拉柯夫斯基（Leszek Kolakowski，1978）的论著。另见托尼·哈里森颇有见解的诗剧导言"火与诗"，我在这篇文章中发现了许多有用的参考资料，如雷曼（Lehman，1937）的研究著作。

托尼·哈里森执导的电影《普罗米修斯》在英国电视四台（Channel 4）播出，由英格兰艺术委员会（Arts Councl of England）联合出品。电影剧本由费伯－费伯出版社（Faber and Faber，1998）出版，并附有一篇哈里森的导读文章"火与诗"。关于哈里森的《普罗米修斯》的批判性讨论，参见霍尔（Hall，2002）的相关论文、哈德威克（Hardwick，2000）撰写的一篇针对哈里森的《普罗米修斯》的文章以及哈德威克（Hardwick）、罗宾逊（Robinson）和伍德沃德（Woodward）的多篇相关论文。这些文章发表于英国开放大学（The Open University）古典研究系 1999 年的开放研讨会（Open Colloquium, 1999），"托尼·哈里森的诗歌、戏剧和电影：一个古典维度"（http://www.open.ac.uk/Arts/Colq99/）。关于更多的哈里森综合性研究，参见凯莱赫（Kelleher，1996）和拜恩（Byrne，1997）的论著。

参考文献

Ackerman, H.C. and J.-R. Gisler (eds) (1981–1999) *Lexicon iconographicum mythologiae classicae*, Zurich: Artemis.

Arthur, M. (1982) "Cultural Strategies in Hesiod's *Theogony*. Law, Family, and Society", *Arethusa* 15: 63–82.

Bainbridge, S. (1995) *Napoleon and English Romanticism*, Cambridge: Cambridge University Press.

Barney, D. (2000) *Prometheus Wired: The Hope for Democracy in the Age of Network Technology*, Chicago: University of Chicago Press.

Barthes, R. [1957] (1972) *Mythologies*, trans. A. Lavers, New York: The Noonday Press.

Beazely, J.D. (1939) "Prometheus Fire-Lighter", *American Journal of Archaeology* 43: 618–639.

Bennett, B. and S. Curran (eds) (1996) Shelley: *Poet and*

Legislator of the World, Baltimore/London: Johns Hopkins University Press.

Berard, C. (1989) *A City of Images*, trans. D. Lyons, Princeton: Princeton University Press.

Bloom, H. (1971a) "Napoleon and Prometheus: The Romantic Myth of Organic Energy", in *Ringers in the Tower*, Chicago: University of Chicago Press, 81–84.

Bloom, H. (1971b) "The Unpastured Sea: An Introduction to Shelley", in *Ringers in the Tower*, Chicago: University of Chicago Press, 87–116.

Blumenberg, H. (1985) *Work on Myth*, trans. R. Wallace, Cambridge, MA: MIT Press.

Brown, N.O. (1947) *Hermes the Thief*, Madison, WI: University of Wisconsin Press.

Burkert, W. (1985) "Fire Rituals", in Greek Religion, trans. J. Raffan, Cambridge, MA: Harvard University Press, 60–64.

Bush, D. (1937) *Mythology and the Romantic Tradition*, Cambridge MA: Harvard University Press.

Buffer, M. (ed) (1993) *Mary Shelley: Frankenstein or The Modern Prometheus. The 1818 Text*, Oxford: Oxford University Press.

Buxton, R. (1994) *Imaginary Greece. The Contexts of Mythology*, Cambridge: Cambridge University Press.

Byrne, S. (ed) (1997) *Tony Harrison. Loiner, Oxford*: Oxford University Press.

Camp, J. (2001) *Archaeology of Athens,* New Haven: Yale University Press.

Cantor, P.A. (1984) *Creature and Creator. Myth-making and English Romanticism*, Cambridge: Cambridge University Press.

Coby, P. (1987) *Socrates and the Sophistic Enlightenment*, Lewisburg, PA: Bucknell University Press.

Conacher, D.J. (1980) *Aeschylus' Prometheus Bound: A Literary Commentary*, Toronto: University of Toronto Press.

Curran, S. (1986) "The Political Prometheus", Studies in Romanticism 15: 429-455.

Curran, S. (ed) (1993) *The Cambridge Companion to British Romanticism*, Cambridge, Cambridge University Press.

De Ropp, R.S. (1972) *The New Prometheans: Creative and Destructive Forces in Modern Science*, London: Delacorte Press.

Detienne, M. (1986) *The Creation of Mythology*, trans. M. Cook, Chicago: University of Chicago Press.

Detienne, M. and Vemant, J.-P. (1974) *Cunning Intelligence in Greek Culture and Society*, trans. J. Lloyd, Chicago/London: University of Chicago Press.

Deubner, L. (1932) *Attische Feste*, Berlin: Akadenue Verlag.

Dodds, E.R. (1973) *The Ancient Concept of Progress*, Oxford: Oxford University Press.

Donoghue, D. (1974) *Thieves of Fire*, New York: Oxford University Press.

Dunbar, N. (ed) (1995) *Aristophanes: Birds*, Oxford: Clarendon Press.

Edelstein, L. (1967) *The Idea of Progress in Classical Antiquity*, Baltimore, MD: Johns Hopkins Press.

Ferrain, A. (2000) "Homo faber, homo sapiens or homo politicus? Protagoras and the myth of Prometheus", *The Review of Metaphysics* 54.2: 289–319.

Finley, M.I. (1970) *Early Greece: The Bronze and Archaic Ages*, New York: Norton.

Frazer, J.G. (1930) *Myths of the Origin of Fire*, London: Macmillan.

Furley, W.D. (1981) *Studies in the Use of Fire in Ancient Greek*

Religion, New York: Arno Press.

Gibbs, L.(trans.) (2002) *Aesop's Fables*, Oxford: Oxford University Press.

Geertz, C.(1973) *The Interpretation of Cultures*, New York: Basic Books.

Grene, D.(trans.) (1956) *Aeschylus II*, Chicago/London: University of Chicago Press.

Griffith, M.(1977) *The Authenticity of Prometheus Bound*, Cambridge: Cambridge Press.

Griffith, M. (1983a) "Personality in Hesiod", *Classical Antiquity* 2: 37-65.

Griffith, M.(ed.) (1983b) *Aeschylus. Prometheus Bound*, Cambridge: Cambridge University Press.

Griffith, M.(2002) "Slaves of Dionysos: Satyrs, Audience, and the Ends of the *Oresteia*", *Classical Antiquity* 21: 195–258.

Guthrie, W.K.C.(ed.) (1956) *Plato, Protagoras and Meno*, Baltimore: Penguin Books.

Guthrie, W.K.C.(ed.) (1957) *In the Beginning: Some Greek Views on the Origins of Life and the Early State of Man*, Ithaca: Cornell University Press.

Hall, E. (2002) "Tony Harrison's Prometheus: A View from the Left", *Arion* 10.1: 129–140.

Hardwick, L. (2000) *Translating Words. Translating Cultures*, London: Duckworth.

Harrison, T. (1996) *The Labourers of Herakles*, in *Plays* 3, London: Faber and Faber.

Harrison, T. (1998) *Prometheus*, London: Faber and Faber.

Harth, M.L. (ed) (2001) *José Clemente Orozco. Prometheus*, Claremont, CA: Pomona College Museum of Art.

Henderson, J. (ed. and trans.) (1998) *AriStophanes*, Cambridge, MA: Harvard Classical Library.

Herington, C.J. (1963) "A Study in the Prometheia", *Phoinix* 17: 236–243.

Herington, C.J. (1970) *The Author of the Prometheus Bound*, Austin: University of Texas Press.

Hope, A.D. (1966) *Collected Poems 1930–1965*, New York: Viking Press.

Hughes, T. (2003) *Collected Poems*, ed. P. Keegan, London: Faber.

Hynes, W. and Doty, W. (eds) (1993) *Mythical Trickster*

Figures: Contours, Contexts, and Criticisms, Tuscaloosa/London: University of Alabama Press.

Janik, V. (ed) (1998) *Fools and Jesters in Literature, Art, and History*, Westport, CT: Greenwood Press.

Kelleher, J. (1996) *Tony Harrison*, Plymouth: Northcote House.

Kerényi, C. (1956) "The Trickster in Relation to Greek Mythology", in Radin 1956.

Kerényi, C. (1963) *Prometheus: Archetypal Image of Human Existence*, trans. R. Manheim, Princeton: Princeton University Press.

Kolakowski, L. (1978) *Main Currents of Marxism*, trans. P. S. Falla, Oxford: Clarendon Press.

Kyle, Donald G. (1987) *Athletics in Ancient Athens*, Leiden: E.J. Brill.

Lamberton, R. (1988) *Hesiod*, New Haven: Yale University Press.

Lehman, J. (1937) *Prometheus and the Bolsheviks*, London: Shenval Press.

Lewis, L. (1992) *The Promethean Politics of Milton, Blake, and Shelley*, Columbia, MO: University of Missouri Press.

Lincoln, B. (1999) *Theorizing Myth*, Chicago: University of

Chicago Press.

Lissarrague, F.(1990) "Why Satyrs are Good to Represent", in J.J. Winkler and F.I. Zeitlin,(eds), N*othing to Do With Dionysos?* Princeton: Princeton University Press, 228–236.

Lloyd-Jones, H.(2003) "Zeus, Prometheus, and Greek Ethics", *Harvard Studies in Classical Philology* 101: 49–72.

Lombardo, S.(trans.) (1993) *Hesiod's Works and Days and Theogony*, Indianapolis/Cambridge: Hackett Pub. Co.

McGann, J.J.(ed) (1986) *Lord Byron. The Complete Poetical Works*, Oxford: Clarendon Press.

Martin, R.P.(1992) "Hesiod's Metanastic Poetics", *Ramus* 21.1: 11–33.

Martin, R.P.(2003) *The Myths of the Ancient Greeks*, New York: New American Library.

Middleton, C.(ed) (1983) *Johann Wolfgang von Goethe Selected Poems*, Boston: Suhrkamp/Insel Publishers.

Miller, C.L.(1978) "The Prometheus Story in Plato's *Protagoras*", *Interpretation: A Journal of Political Philosophy* 7.2: 22–32.

Mitzman, A.(2003) *Prometheus Revisited*, Boston/Amherst:

University of Massachusetts Press.

Nagy, G. (1990) *Greek Mythology and Poetics*, Ithaca: Comell University Press.

Panofsky, D. and Panofsky, E. (1956) *Pandora's Box*, New York: Pantheon Books.

Pelton, R. (1980) *The Trickster in West Africa*, Berkeley/Los Angeles/London: University of California Press.

Radin, P. (1956) *The Trickster*, New York: Philosophical Library.

Radt, S. (ed) (1985) *Tragicorum graecorum fragmenta III*, Gottingen: Vandenhoeck & Ruprecht.

Raggio, O. (1958) "The Myth of Prometheus: Its Survival and Metamorphoses up to the Eighteenth Century", *Journal of Warburg and Courtauld Institutes*, 21: 44−42.

Raizis, M.B. (1983) *From Caucasus to Pittsburgh: The Prometheus Theme in British and American Poetry*, Athens: Gnosis Pub. Co.

Reid, I.D. (ed.) (1993) *The Oxford Guide to Classical Mythology in the Arts, 1300−1990s*, New York: Oxford University Press.

Ricketts, M.L. (1965) "The North American Indian Trickster", *History of Religions* 5: 327–350.

Robertson, N. (1985) "The Origin of the Panathenaea", *Rheinisches Museum für Philologie* 128: 231–295.

Robinson, C.E. (1976) *Shelley and Byron: The Snake and Eagle Wreathed in Flight*, Baltimore/London: Johns Hopkins University Press.

Rosenthal, N. (2003) "Prometheus's Vulture and the Stem-cell Promise", *New England Journal of Medicine* 349.3: 267–274.

Saïd, S. (1985) *Sophiste et tyran ou le problème du Prométhée enchaîné*, Paris: Klincksieck.

Séchan, L. (1951) *Le mythe de Prométhée*, Paris: Presses Universitaires de France.

Sharpe, L. (ed.) (2002) *Cambridge Companion to Goethe*, Cambridge: Cambridge University Press.

Shear, T.L. (1993) "The Persian Destruction of Athens", *Hesperia* 62.4: 383–482.

Small, C. (1972) *Mary Shelley's Frankenstein: Tracing the Myth*, Pittsburgh, PA: University of Pittsburgh Press.

Snodgrass, A. (1980) *Archaic Greece: The Age of Experiment*,

London/Berkeley: University of California Press.

Sommerstein, A.(ed) (1987) *Aristophanes. Birds*, Warminster: Aris & Phillips Ltd.

Sterett, J.R.S.(1901) "The Torch-Race: A Commentary on the *Agamemnon* of Aischylos vv. 324-326", *American Journal of Philology* 22.4:393-419.

Sussman, L.(1978) "Workers and Drones: Labor, Idleness, and Gender Definition in Hesiod's Beehive", *Arethusa* 11: 27-41.

Sutton, D. (1980) *The Greek Satyr Play*, Meisenheim am Glan: Hain.

Tandy, D. and Neale, W.C.(1996) *Hesiod's Works and Days: A Translation and Commentary for the Social Sciences*, Berkeley: University of California Press.

Thompson, H.A.(1981) "Athens faces Adversity", *Hesperia* 50.4: 848-855.

Thomson, G.(1972) *Aeschylus and Athens*, New York: Haskell House Publishers.

Travlos, J.(1971) *A Pictorial Dictionary of Athens*, New York: Praeger.

Trott, Nicola,(1998) "Milton and the Romantic", in D. Wu(ed.)

A *Companion to Romanticism*, London: Blackwell, 520-534.

Trousson, R. (1976) *Le théme de Prométhée dans la littérature européenne*, Geneva: Droz.

Vernant, J.-P. (1980) "The Myth of Prometheus in Hesiod", in *Myth and Society*, trans. J. Lloyd, Brighton, Sussex: Harvester Press/ Atlantic Highlands, NJ: Humanities Press, 183-201.

Vernant, J.-P. (1986) "At Man's Table: Hesiod"s Foundation Myth of Sacrifice' in M. Detienne and J.-P. Vernant (eds) *The Cuisine of Sacrifice among the Greeks*, trans. P. Wissig, Chicago/ London: University of Chicago Press, 21-86.

Wasserman, E.R. (1971) *Shelley: A Critical Reading*, Baltimore/London: Johns Hopkins University Press.

Watkins, C. (1995) *How to Kill a Dragon: Aspects of Indo-European Poetics*, New York: Oxford University Press.

Webster, T.B.L. (1972) *Potter and Patron in Classical Athens*, London: Methuen.

West, M.L. (ed.) (1966) *Hesiod. Theogony*, Oxford: Oxford University Press.

——— (ed.) (1978) *Hesiod. Works and Days*, Oxford: Oxford University Press.

Wu, D. (ed.) (1998) *A Companion to Romanticism*, London: Blackwell.

Zeitlin, F. (1996) "Signifying Difference: The Case of Hesiod's Pandora", in *Playing the Other*, Princeton: Princeton University Press, 53–86.

Zillman, L.J. (ed) (1968) *Shelley's Prometheus Unbound: The Text and the Drafts*, New Haven: Yale University Press.

索 引

Academy　雅典学园 46, 50—53, 56, 64

Adam and Eve　亚当和夏娃 40

Aeschylus　埃斯库罗斯 4, 6, 8, 11, 14, 16—17, 22—23,46, 54, 60, 63—78, 81—86, 96—100,104, 112—113, 116, 116, 125—126, 130,136—137, 139, 141

Aesop　伊索 6-8, 17, 19

Aesop　农业 19, 35, 38—39, 44—45, 86

Anaximander　阿那克西曼德 78

Aphrodite　阿芙洛狄忒 13—14, 20, 30

Apollodorus　阿波罗多洛斯 5, 10

Ares　阿瑞斯 13, 20

Aristophanes　阿里斯托芬 54, 65, 78, 84—86

Artemis　阿耳忒弥斯 14

artistic creativity　艺术创造力 19, 92—97, 107, 109—111,

115, 124, 136—139; limits of 创造力的局限 113—115

　　Athena 雅典娜 30, 46, 49—51, 54, 56, 62, 64

　　Athens 雅典（古代城邦）18, 22, 46—64, 65—87

　　Barthes, Roland 罗兰·巴特 14, 20, 42

　　Beazley, J.D. J.D. 比兹利 57—58

　　Beethoven 贝多芬 109, 118

　　Blake, William 威廉·布莱克 107

　　Blumenberg, Hans 汉斯·布鲁门伯格 115

　　Brown, Norman O. 诺曼·O. 布朗 33—34

　　Byron, Lord 拜伦勋爵 21, 92, 96—100, 106—107, 109, 115, 132, 135—136

　　Curran, Stuart 斯图尔特·柯伦 21

　　De Francia, Peter 彼得·德·弗朗西亚 118, 121

　　De Ropp, Robert 罗伯特·德·罗普 122—123

　　De Valois, Ninette 妮内特·德·瓦卢斯 117—118

　　Democritus 德谟克利特 78

　　Deukalion 丢卡利翁 5

Dinos,画家,迪诺斯 57

Dionysus 狄奥尼索斯 54, 56

Donoghue, Denis 丹尼斯·多诺霍 18

Epimetheus 厄庇米修斯 4, 30, 34, 42, 71, 73, 79, 81—82, 123

Erasmus of Rotterdam 鹿特丹的伊拉斯谟 41

Erichthonius 埃里克托尼奥斯 50

Euripides 欧里庇得斯 49

fire 火:盗火 18—19, 27, 30, 32, 35, 38, 60, 71, 86, 115; 火与诗 136—139; 火与技术 18, 47, 56, 61, 64, 137; 火的文明力量 53, 56, 61, 75—79, 137; 火的破坏力 18, 47, 61—63, 128—130, 139; 希腊文化中的火 47—49

Frankenstein, Victor 维克托·弗兰肯斯坦 110—114

Frazer, Sir James 詹姆斯·弗雷泽爵士 55

French revolution 法国大革命 14, 96, 115

Geertz, Clifford 克利福德·格尔茨 13

Goethe, Johann Wolfgang 约翰·沃尔夫冈·歌德 8, 10, 21, 92—97, 107, 109, 115, 136

Golden Age 黄金时代 36—37, 45, 75—76, 86, 101—103

Guthrie, W.K.C. W.K.C 格思里 81

Harrison, Tony 托尼·哈里森 22, 116, 124—141

Hephaestus 赫菲斯托斯 30, 42, 46, 50—51, 56, 64, 67—68

Heracles 赫拉克勒斯 15, 18, 31, 85, 129

Heraclitus 赫拉克利特 49

Hermes 赫耳墨斯 9—10, 30, 46—47, 70, 125, 127—128, 131, 134, 138

Herodotus 希罗多德 27, 54, 62

Hesiod 赫西俄德 4—8, 14—16, 21—23, 27—46, 53, 66, 71, 73, 76, 78, 81—86, 136, 141

Homer 荷马 10, 15, 27

Hope (*Elpis*) 希望 31, 40, 42—44, 73—74

hope 希望 73—75, 100, 104, 149; 盲目的希望 68, 74—75; gift of 6, 74; 希望的属性 43

Hope, A.D. A.D. 霍普 9—10

Hughes, Ted 特德·休斯 8—10

human condition 人类境况: 衰落 30—31, 37—42, 44—45; 进步 75—78, 80—81, 83—84, 86—87, 137; 苦难 19, 31, 34, 96, 99, 113—115; 技术 56, 61—62, 119, 121—122, 126—131;

劳作 20, 35, 37—39, 124, 126, 132—136

Iapetos 伊阿佩托斯 4, 71

Io 伊娥 70, 125

Kerényi, Carl 卡尔·克雷尼 21, 34, 94

Kipling, Rudyard 鲁德亚德·吉卜林 47

Klymene 克吕墨涅 4—5, 71

Landes, David 戴维·兰德斯 121

Lehman, John 约翰·雷曼 132

Lewis, Linda 琳达·刘易斯 21

Lipchitz, Jacques 雅克·利普希茨 118, 120

Lissarrague, François 弗朗索瓦·利萨拉格 57

Lowell, Robert 罗伯特·洛威尔 118

Lucian of Samosata 萨莫萨塔的琉善 46, 50

man, creation of 人类的创造 6—8, 17, 19, 50, 79, 94, 109, 112—114, 121—122, 132

Manship, Paul 保罗·曼希普 118

marriage 婚姻 35, 42, 44—45

Martin, Richard P. 理查德·P. 马丁 28

Marx, Karl 卡尔·马克思 126, 132—133

Mekone 墨科涅 30, 36—37, 49, 72, 75

Metis 墨提斯 14, 31, 49, 64

metis 智巧 4, 31—33, 49, 139

Miller, Jonathan 乔纳森·米勒 118

Milton 弥尔顿 91

myth 神话：神话的灵活性 3, 8, 10—11, 20, 22—23; 神话的属性 11—13; 神话的影响 13—15; 普罗米修斯的神话 15—18

Nagy, Gregory 格里高利·纳吉 28

Napoleon 拿破仑 96, 104—108

Nikias 尼基阿斯，画家 56

Ocean 俄刻阿诺斯 4, 68

Orff, Carl 卡尔·奥尔夫 118

Orozco, José Clemente 何塞·克莱门特·奥罗斯科 11, 117—118

Ovid 奥维德 5, 17

Pandora 潘多拉 5, 15, 27, 34, 38—42; 潘多拉和农业 39; 潘

多拉之瓶 27, 31, 38, 41—44, 73, 128; 潘多拉与火 39—40, 44; 潘多拉和厌女症 40—42; 潘多拉和祭祀 39; 潘多拉和女人 27—28, 42, 44; 潘多拉的诞生 30, 32, 39—40, 50; 潘多拉的词源 41

Parrish, Maxfield　马克斯菲尔德·帕里什 118—119

Paulin, Tom　汤姆·波林 118

Pausanias　保萨尼亚斯 51, 53—54

Phoroneus　甫洛纽斯 47

Pisthetairos　佩斯特泰罗斯 84

Plato　柏拉图 12—13, 50—51, 65, 78—84, 86, 113

Plutarch　普鲁塔克 48, 51

progress　进步 75—78, 80—81, 83—84, 86—87, 112—113, 137

Prometheus　普罗米修斯：人类的创造者 3, 6—8, 17—19, 50, 79, 94, 109, 112—114, 121—122, 132; 文化英雄 75—84, 86—87; 工匠人（homo faber）19, 131—136; 陶工 50, 132; 反叛者 19, 65, 72—73, 83, 85, 93—100, 103—104, 138; 艺术创造力的象征 19, 92—97, 107, 109—111, 115, 124, 136—139; 人类境况的写照 20—21, 34—35, 44—45, 86—87, 115, 117—119, 140—141; 知识革命的象征 83—84; 进步的象征 75—78, 80—81, 83—84, 86—87, 112—113, 137; 技术的象征 56, 61—62, 119, 121—122, 126—131; 诡计师 22, 27—45, 65, 71, 85—86; cult of 46—64; 词源 4,

21, 42, 73, 85, 139—140; 受罚 31, 34, 97—98, 118, 125—126; 燃火者（Purkaeus）58; 火的使者（Purphoros）51—53, 58

prophecy 预言 73—75; 77

Protagoras 普罗泰戈拉 78—83, 112

Pyrrha 皮拉 5

Ricketts, Mac Linscott 麦克·林斯科特·里基 33

sacrifice 祭祀：祭祀的发明 6, 27, 30, 36—37, 39；祭祀制度 35, 37, 39, 42, 44—45, 85—86

satyr drama 萨提尔剧 16, 60—61, 63—64

satyrs 萨提尔 56—61；萨提尔和火把；萨提尔和瓶画 57—59

Scriabin, Alexander 亚历山大·斯克里亚宾 117

Séchan, Louis 路易斯·塞彻 21

Semonides 西蒙尼德斯 43

Shaftesbury, Lord 沙夫茨伯里勋爵 109

Shelley, Mary 玛丽·雪莱 92, 99, 108—115, 123, 137—138

Shelley, Percy Bysshe 佩西·比希·雪莱 11, 21—22, 92, 96, 99—106, 109, 115—116, 126, 132, 135—136, 138, 141

Solon 索伦 43

Sophocles　索福克勒斯 51

technology　技术 56, 61—62; 数字技术 122; 技术的局限 110—111, 123—124, 127—131, 139; 医学技术 121—122; 科学技术 119—124

Theognis　泰奥格尼 43

Theophrastus　泰奥弗拉斯托斯 47

Thucydides　修昔底德 62

torch races　火炬接力赛 47—48, 50, 53—56, 60, 64, 70, 129

tricksters　诡计师 33—35；诡计师和萨提尔 57, 61, 63

Trousson, Raymond　雷蒙·特鲁松 21

Vergil　维吉尔 50

Vernant, Jean-Pierre　让-皮埃尔·韦尔南 21, 35

Wallinger, Mark　马克·沃林格 118

Zeus　宙斯 3, 5—6, 9, 13—16, 19, 27, 31—34, 36—39, 42—43, 46—47, 49, 58, 60, 63, 65—67, 70—73, 75, 80, 82—85, 93, 98, 127—130, 135—136, 138, 140;（朱庇特）11, 94, 100—104, 106

附录：古代世界的诸神与英雄译名表
（希腊语—拉丁语—英语—汉语）

A

Ἄβαι Abae Abae　阿拜

Ἀγαμέμνων Agamemnon Agamemnon　阿伽门农

Ἀγησίλαος Agesilaos Agesilaos　阿盖西劳斯

Ἀγλαΐα Aglaea/Aglaia Aglaea　阿格莱亚

Ἄγλαυρος Aglauros Aglauros　阿格劳洛斯

Ἀγχίσης Anchises Anchises　安喀塞斯

Ἅδης Hades Hades　哈得斯

Ἄδωνις Adonis Adonis　阿多尼斯

Ἀθάμας Athamas Athamas　阿塔马斯

Ἀθηνᾶ Minerva Athena　雅典娜 / 密涅瓦

Αἴας Aiax Aias/Ajax　埃阿斯

Αἴγιστος Aegisthus Aegisthus　埃吉斯托斯

Αἴθρα Aithra Aithra　埃特拉

Αἰνείας Aeneas/Aeneus Aeneas　埃涅阿斯

Ἀλφειός Alpheios Alpheios　阿尔费奥斯

Ἄμμων Ammon Ammon/Amun　阿蒙（古埃及太阳神）

Ἀμφιτρίτη Amphitrite Amphitrite　安菲特里忒

Anat　阿娜特（闪米特战争女神）

Anaïtis/Anahita　阿娜提斯/阿娜希塔（波斯-亚美尼亚女神）

Ἀνδρομάχη Andromache Andromache　安德洛玛克

Anu　阿努（赫梯天神）

Ἀπέσας Apesas Apesas　阿佩萨斯

Ἀπόλλων Apollo Apollo　阿波罗

Ἀργειφόντης Argeiphontes Argeiphontes　阿耳癸丰忒斯

Ἄρης Mars Ares　阿瑞斯

Ἀριάδνη Ariadne Ariadne　阿里阿德涅

Ἁρμονία Harmonia Harmonia　哈耳摩尼亚

Ἀρισταῖος Aristaeus Aristaeus　阿里斯泰奥斯

Ἄρτεμις Artemis,Diana Artemis　阿耳忒弥斯/狄安娜

Ἀσκληπιός Aesculapius Asclepius　阿斯克勒庇俄斯

Astarte　阿施塔忒（腓尼基女神）

Ἀστερία Asteria Asteria　阿斯忒里亚

Ἄτλας Atlas Atlas　阿特拉斯

Ἀτρεύς Atreus Atreus　阿特柔斯

Ἀφροδίτη Venus Aphrodite　阿芙洛狄忒/维纳斯

Ἀχιλλεύς Achilleus Achilles　阿喀琉斯

Ἄψυρτος Apsyrtus Apsyrtus　阿普绪耳托斯

B

Βελλεροφῶν Bellerophon Bellerophon　柏勒洛丰

Βοώτης Boutes Boutes　布特斯

Βριάρεως Briareos Briareos　布里阿瑞奥斯

Βρισηΐς Briseis Briseis　布里塞伊斯

Βρισῆος Briseus Briseus　布里修斯

Γ

Γαῖα Gaea Gaia　盖娅

Γανυμήδης Catamitus/Ganymedes Ganymede　伽努墨德斯

Γλαυκός Glaucus Glaukos　格劳科斯

Γῆρας Geras Geras　革剌斯

Γίγαντες Gigantes Gigantes　癸干忒斯

Γύγης Gyges Gyges　巨吉斯

Gula　古拉（美索不达米亚治愈女神）

Δ

Δαίδαλος Daedalus Daedalus　代达罗斯

Δαναός Danaus Danaus　达那奥斯

Δάφνη Daphne Daphne　达芙妮

Δελφύς Delphus Delphus　德尔福斯

Δευκαλίων Deucalion Deucalion　丢卡利翁

Δηΐφοβος Deiphobos Deiphobos　得伊福玻斯

Δημήτηρ Demeter Demeter　德墨忒耳

Δημοφόων Demophoon Demophoon　德摩福翁

Δίκη Dike Dike　狄刻

Διοκλῆς Diocles Diokles　狄奥克勒斯

Διομήδης Diomedes Diomedes　狄奥墨德斯

Διόσκουροι Dioscuri Dioscuri　狄奥斯库里

Διώνη Dione Dione　狄奥涅

Δόλων Dolon Dolon　多伦

Dyáus Pitar　道斯·彼塔（印度教天父）

Dumuzi/Tammuz　杜穆兹／塔穆兹（苏美尔的英雄／神）

Δύναμις Dynamis Dynamis　丢纳弥斯

E

Εἰλείθυια Eileithyia Eileithyia　埃勒提雅

Εἰρήνη Eirene Eirene　埃瑞涅

Ἑκάτη Hekate Hekate　赫卡忒

Ἕκτωρ Hector Hector　赫克托耳

Ἕλενος Helenus Helenus　赫勒诺斯

Ἕλλη Helle Helle　　赫勒

Enki　　恩基（苏美尔欺诈之神）

Ἐνοδία Enodia Enodia　　埃诺狄亚

Ἐννώ Enyo Enyo　　厄倪俄

Ἐρεχθεύς Erechtheus Erechtheus　　厄瑞克透斯

Ἔρις Eris Eris　　厄里斯

Ἐριχθόνιος Erichthonios Erichthonios　　厄里克托尼奥斯

Ἑρμῆς Hermes Hermes　　赫耳墨斯

Ἑρμιόνη Hermione Hermione　　赫耳弥奥涅

Ἔρως Eros,Amor Eros　　爱若斯 / 阿莫耳

Ἕσπερος Hesperos Hesperos　　赫斯佩洛斯（昏星）

Ἑστία Hestia/Vesta Hestia　　赫斯提亚 / 维斯塔

Εὐδόρος Eudoros Eudoros　　欧多罗斯

Εὔμαιος Eumaeus Eumaeus　　欧迈奥斯

Εὔμολπος Eumolpos Eumolpos　　欧摩尔波斯

Εὐνομία Eunomia Eunomia　　欧诺弥亚

Εὐρυνόμη Eurynome Eurynome　　欧律诺墨

Εὐρώπη,Εὐρώπα Europa Europa　　欧罗巴

Εὐφροσύνη Euphrosyne Euphrosyne　　欧佛洛绪涅

Ἐπιμηθεύς Epimetheus Epimetheus　　厄庇米修斯

Ἕως Eos Eos　　厄俄斯

Εωσφόρος Eosphoros Eosphoros　厄俄斯珀洛斯（晨星）

Z
Ζεύς Zeus Zeus　宙斯
Ζέφυρος Zephyros Zephyros　泽费罗斯
Ζῆθος Zethus Zethus　泽托斯

H
Ἥβη Hebe Hebe　赫柏
Ἥλιος Helios Helios　赫利奥斯
Ἥρα Hera Hera　赫拉
Ἡρακλῆς Herakles Herakles　赫拉克勒斯
Ἥφαιστος Hephaestus Hephaestus　赫菲斯托斯

Θ
Θάλεια Thalia Thalia　塔利亚
Θάνατος Thanatus Thanatos　塔纳托斯
Θέμις Themis Themis　忒弥斯
Θέτις Thetis Thetis　忒提斯
Θησεύς Theseus Theseus　忒修斯

I

Ἰάλεμος Ialemus Ialemus　伊阿勒摩斯

Ἰάσων Jason Jason　伊阿宋

Ἱέρων Hieron Hieron　希耶罗

Ἵμερος Himeros Himeros　希墨洛斯

Inanna　伊南娜（苏美尔爱神）

Ἰξίων Ixion Ixion　伊克西翁

Ἰοδάμα Iodama Iodama　伊奥达玛

Ἰόλαος Iolaos Iolaos　伊俄拉俄斯

Ἱππόλυτος Hippolytus Hippolytus　希波吕托斯

Ἶρις Iris Iris　伊里斯

Ἶσις Isis Isis　伊西斯

Ishtar　伊诗塔

Ἰφιάνασσα Iphianassa Iphianassa　伊菲阿纳萨

Ἰφιγένεια Iphigeneia Iphigeneia　伊菲革涅亚

Ἰφιμέδη Iphimede Iphimedê　伊菲梅德

Ἰώ Io Io　伊娥

Ἴων Ion Ion　伊翁

K

Κάδμος Kadmos Kadmos　卡德摩斯

Καλλιόπη Calliope Calliope　卡利俄佩

Καλυψώ Calypso Calypso　卡吕普索

Καρνεῖος Carneius Carneius　卡内乌斯

Κασσάνδρα Kassandra Kassandra　卡珊德拉

Κάστωρ Castor Castor　卡斯托耳

Κέρβερος Cerberus Cerberus　刻耳贝洛斯

Κλυταιμνήστρα Klytaimnestra Klytaimnestra　克吕泰涅斯特拉

Κορωνίς Coronis Coronis　科洛尼斯

Κρεσφόντης Kresphontes Kresphontes　克瑞斯丰忒斯

Κρόνος Cronus Cronos　克罗诺斯

Κυβέλη,Κυβήβη Cybele Cybele　库柏勒

Κύκνος Kyknos Kyknos　库克诺斯

Κυρήνη Cyrene Cyrene　昔兰尼

Λ

Λάϊος Laius Laius　拉伊俄斯

Λαομέδων Laomedon Laomedon　拉俄墨冬

Λήδα Leda Leda　勒达

Λητώ Leto/Latona Leto   勒托 / 拉托娜

Λῖνος Linus Linus   利诺斯

Λύκτος Lyktos Lyktos   吕克托斯

M

Μαῖα Maia Maia/Maea   迈娅

Marduk   马耳杜克（巴比伦主神）

Μάρπησσα Marpessa Marpessa   玛耳佩萨

Μαρσύας Marsyas Marsyas   玛耳绪阿斯

Μαχάων Machaon Machaon   玛卡翁

Μεγακλῆς Megakles Megakles   麦伽克勒斯

Μέδουσα Medusa Medusa   美杜莎

Μελάνιππος Melanippos Melanippos   美拉尼波斯

Μελίτη Melite Melite   美利忒

Μελπομένη Melpomene Melpomene   美尔波墨涅

Μετάνειρα Metaneira Metaneira   美塔内拉

Μήδεια Medea Medea   美狄亚

Μηριόνης Meriones Meriones   美里奥涅斯

Μῆτις Metis Metis   墨提斯

Μίλητος Miletus Miletus   米勒托斯

Μίνως Minos Minos   米诺斯

Μνημοσύνη Mnemosyne Mnemosyne　摩涅莫绪涅

Μοῖραι Moirai Moirai　莫依赖/命运三女神

Μοῦσα,Μοῦσαι Musa,Musae Muse,Muses　缪斯

Μουσαίος Musaeus Musaeus　缪塞奥斯

N

Nanaya　娜娜雅

Ναυσικᾶ Nausikaa Nausikaa　瑙西卡

Νέμεσις Nemesis Nemesis　涅美西斯

Νηρηΐδες Nereids Nereids　涅瑞伊得斯

Νέστωρ Nestor Nestor　涅斯托尔

Νηλεύς Neleus Neleus　涅琉斯

Νηρεύς Nereus Nereus　涅柔斯

Νιόβη Niobe Niobe　尼俄柏

Νύμφης Nymphs Nymphs　宁芙

O

Ὀδυσσεύς Odysseus,Ulixes,Ulysses Odysseus　奥德修斯/尤利克塞斯/尤利西斯

Οἴαγρος Oeagrus Oeagrus　奥厄阿革洛斯

Οἰδίπους Oedipus Oedipus　俄狄浦斯

Ὅμηρος Homerus Homer　荷马

Ὀρέστης Orestes Orestes　奥瑞斯忒斯

Ὀρφεύς Orpheus Orpheus　俄耳甫斯

Ὄσιρις Osiris Osiris　奥西里斯

Οὐρανός Ouranos Ouranos　乌拉诺斯

Π

Παιών, Παιάν Paeon, Paean Paeon　派翁

Πάλλας Pallas Pallas　帕拉斯

Πάν Pan Pan　潘

Πάνδαρος Pandarus Pandaros　潘达罗斯

Πάνδροσος Pandrosos Pandrosos　潘德罗索斯

Πανδώρα Pandora Pandora　潘多拉

Παρθένος Parthenos Parthenos　帕特诺斯（克里米亚神祇）

Πάρις Paris Paris　帕里斯

Πάτροκλος Patroclus Patroclus　帕特罗克洛斯

Πειρίθοος Peirithoos Peirithoos　佩里图斯

Πέλευς Peleus Peleus　佩琉斯

Πέλοψ Pelops Pelops　佩罗普斯

Περσεύς Perseus Perseus　佩耳修斯

Περσεφόνη Persephone/Proserpina Persephone　佩耳塞福涅

Πήγασος Pegasus/Pegasos Pegasus　佩伽索斯

Πηνειός Peneius Peneius　佩纽斯

Πηνελόπη Penelope Penelope　佩涅洛佩

Πιερίδες Pierides Pierides　庇厄里得斯

Πλούτων Plouton Pluto　普鲁托

Ποδαλείριος Podalirius/Podaleirius Podalirios　波达勒里奥斯

Πολύφημος Polyphemus Polyphemus　波吕斐摩斯

Ποσειδῶν Poseidon/Neptunus Poseidon　波塞冬 / 尼普顿

Πρίαμος Priamos Priam　普里阿摩斯

Προμηθεύς Prometheus Prometheus　普罗米修斯

Πτώιος Ptoios Ptoios　普托伊奥斯

Πυθία Pythia Pythia　皮提亚

Πύθων Python Python　皮同

Ρ

Ῥέα Rhea Rhea　瑞娅

Σ

Σαρπηδών Sarpedon Sarpedon　萨耳佩冬

Σάτυρος Satyrus Satyr　萨蒂尔

Σειρήν Sirens Sirens　塞壬

Σεμέλη Semele Semele   塞墨勒

Σπερχειός Spercheius Spercheius   斯佩耳凯奥斯

Στερόπη Sterope Sterope   斯忒洛佩

Σφίγξ sphinx sphinx   斯芬克斯

T

Τάρταρος Tartarus Tartarus   塔耳塔罗斯

Τειρεσίας Teiresias Teiresias   忒瑞西阿斯

Τεῦκρος Teukros Teukros   透克洛斯

Τηλεμάχος Telemachos Telemachos   忒勒玛霍斯

Τήλεφος Telephus Telephos   忒勒福斯

Τηθύς Tethys Tethys   泰堤斯

Tiamat   提亚玛特（巴比伦混沌母神）

Τιθωνός Tithonus Tithonus   提托诺斯

Τιτᾶνες Titans Titans   提坦

Τιτυός Tityos Tityos   提图奥斯

Τρίτων Triton Triton   特里同

Τρώς Tros Tros   特洛斯

Τυδεύς Tydeus Tydeus   提丢斯

Turan   图兰（伊特鲁里亚爱神）

Τυνδάρεος Tyndareus Tyndareus   廷达瑞俄斯

Τυρώ Tyro Tyro　　提洛

Τυφῶν Typhon Typhon　　提丰

Y

Ὑάκινθος Hyacinthus Hyacinthus　　许阿辛托斯

Ὕδρα Hydra Hydra　　许德拉

Ὕλας Hylas Hylas　　许拉斯

Ὑμέναιος Hymenaeus/Hymenaios Hymenaeus/Hymen 许墨奈奥斯/许门

Ὑπερίων Hyperion Hyperion　　许佩里翁

Ushas　　乌莎斯（吠陀黎明女神）

Φ

Φαέθων Phaeton Phaeton　　法厄同

Φαίδρα Phaedra Phaedra　　菲德拉

Φήμιος Phemius Phemius　　费弥奥斯

Φιλάμμων Philammon Philammon　　菲拉蒙

Φιλήμων Philemon/Philemo Philemon　　菲勒蒙

Φινεύς Phineus Phineus　　菲内乌斯

Φοίβη Phoibe Phoibe　　福柏

X

Χάος Chaos Chaos　卡俄斯

Χάρις Charis Charis　卡里斯

Χάριτες Charites Graces　卡里忒斯 / 美惠三女神

Χείρων Chiron/Cheiron Chiron　喀戎

Χρυσάωρ Chrysaor Chrysaor　克律萨奥耳

Ω

Ωκεανός Oceanos Oceans　奥刻阿诺斯

Ὧραι Horae Horae　荷莱 / 时序三女神

Ὠρίων Orion Orion　奥里翁

（张鑫、玛赫更里　编）

跋 "古代世界的诸神与英雄"

"古代世界的诸神与英雄"主编苏珊（Susan Deacy）教授，欣然为中文版专文序介丛书缘起，她撰写的"前言"始于这样一个问题："什么是神？"说的是公元前6世纪古希腊抒情诗人西摩尼德斯（Simonides of Ceos），如何受命回答这个问题。故事源自西塞罗《论神性》（*De Natura Deorum*, 1.22）：对话中，学园派科塔（Gaius Cotta）愤而驳斥伊壁鸠鲁派维莱乌斯（Gaius Velleius）"愚蠢的"神性论说，认为就"神的存在或本质"（quid aut quale sit deus）而言，他首推西摩尼德斯；而向诗人提出"什么是神？"的人，正是叙拉古僭主希耶罗（tyrannus Hiero）；就此提问，诗人再三拖延，终于以"思考越久事情就越模糊"不了了之；按科塔的说法，"博学和有智慧"（doctus sapiensque）的诗人，对回答僭主的问题感到"绝望"（desperasse）。

启蒙哲人莱辛（Lessing）称抒情诗人西摩尼德斯为"希腊的伏尔泰"（griechischer Voltaire）：想必因为"西摩尼德斯与希耶罗"的关系有似于"伏尔泰与腓特烈大帝"。1736年，伏尔泰与尚为王储的腓特烈首次书信往还：当年8月8日，腓特烈致信伏尔泰，说他正在将沃尔夫（Chr. Wolff）的文章《对上帝、世界和人类灵魂及万物的理性思考》("Vernünftige Gedanken von Gott, der Welt und der Seele des Menschen, und allen Dingen überhaupt")译成法语,一俟完成就立刻寄给伏尔泰阅正。如此,直至1777—1778年间最后一次书信往还,上帝或神学政治问题,一直是两者探讨的重要主题。

尤为值得一提的是,1739年王储腓特烈写成《反马基雅维利》(*Der Antimachiavell*),伏尔泰超常规全面修订,让这本书的作者成为"公开的秘密",其核心主题之一也是"神学政治论"。譬如,"第六章:君主建国靠的是他的勇气和武器"中,腓特烈或伏尔泰认为,马基雅维利将摩西(Moses)擢升到罗慕路斯(Romulus)、居鲁士(Cyrus)和忒修斯(Theseus)等君主之列,极不明智;因为,如果摩西没有上帝的默示,他就和悲剧诗人的"机械降神"没有两样;如果摩西真有上帝的默示,他无非只是神圣的绝对权力的盲目的奴仆。如果所有神学政治问题都可以还原到"什么是神",既然从古代城邦僭主到近代开明专制君主都关注这个问题,"什么是神"的问题必定攸关其僭政或专制主权。

中华儒学正宗扬雄《法言·问神》开篇"或问'神'。曰:'心'"。用今人的话说,就是"有人问'什么是神?'答曰:神就是'心'"。中国先哲就"什么是神"设问作答毫不含糊隐晦,与古希腊诗人西摩尼德斯"绝望"差别大矣哉!扬雄有见于"诸子各以其知舛驰,大氐诋訾圣人,即为怪迂","故人时有问雄者,常用法应之,撰以为十三卷,象《论语》,号曰《法言》。"(《汉书·扬雄传》)正因孔子"无隐尔乎"(《论语·述而》),扬雄效法圣人自然直言不讳:"潜天而天,潜地而地。天地,神明而不测者也。心之潜也,犹将测之,况于人乎?况于事伦乎?"就"问神"卷大旨,班固著目最为切要:"神心眢恍,经纬万方,事系诸道德仁谊礼。"(《汉书·扬雄传》)可见,中国先哲认为,"神"就是可以潜测天地人伦的"心",这既不同于古希腊诸神,更不同于犹太基督教的上帝。

以现代学术眼光观之,无论《荷马史诗》还是《旧约全书》,西方文明的源始文献就是史诗或叙事,其要害就是"神话"(mythos)。虽然在《牛津古典词典》这样的西方古典学术巨著中竟然找不到"神话"词条(刘小枫《古希腊"神话"词条》),作为叙事的"神话"终究是西方文明正宗。西北大学出版社鼎力支持编译"古代世界的诸神与英雄"丛书,正是着眼全球文明互鉴,开拓古代神话研究的重要举措。

黄瑞成

癸卯春末于渝州九译馆

谷雨改定

著作权合同登记号：陕版出图字 25-2020-193
图书在版编目（CIP）数据

普罗米修斯 / [美] 卡罗尔·多蒂著；张宏译. —
西安：西北大学出版社，2024.2
（古代世界的诸神与英雄 / 黄瑞成主编）
书名原文：Prometheus
ISBN 978-7-5604-5286-9

Ⅰ. ①普… Ⅱ. ①卡… ②张… Ⅲ. ①神—研究—古希腊 Ⅳ. ① B933

中国国家版本馆 CIP 数据核字（2024）第 021145 号

Prometheus，1 edition By Carol Dougherty /9780415324069
Copyright © 2006 by Routledge
Authorized translation from English language edition published by Routledge, an imprint of Taylor & Francis Group LLC All Rights Reserved. 本书原版由 Taylor & Francis 出版集团旗下 Routledge 出版公司出版，并经其授权翻译出版。版权所有，侵权必究。
NORTHWEST UNIVERSITY PRESS Co.,Ltd. is authorized to publish and distribute exclusively the Chinese (Simplified Characters) language edition. This edition is authorized for sale throughout Mainland of China. No part of the publication may be reproduced or distributed by any means, or stored in a database or retrieval system, without the prior written permission of the publisher.
本书中文简体翻译版授权由西北大学出版社有限责任公司独家出版并在限在中国大陆地区销售。未经出版者书面许可，不得以任何方式复制或发行本书的任何部分。
Copies of this book sold without a Taylor & Francis sticker on the cover are unauthorized and illegal.
本书封面贴有 Taylor & Francis 公司防伪标签，无标签者不得销售。

普罗米修斯

[美] 卡罗尔·多蒂 著　张宏 译
出版发行：西北大学出版社
（西北大学校内　邮编：710069　电话：029-88302621　88303593）

经　　销：全国新华书店
印　　装：陕西博文印务有限责任公司
开　　本：787mm×1092mm　1/32
印　　张：9.25
字　　数：160 千字
版　　次：2024 年 2 月第 1 版
印　　次：2024 年 2 月第 1 次印刷
书　　号：ISBN 978-7-5604-5286-9
定　　价：68.00 元

本版图书如有印装质量问题，请拨打电话 029-88302966 予以调换。